인지행동
치료
워크북

아스퍼거 증후군 아동의

애착이해 및 표현지도

Tony Attwood, Michelle Garnett 지음
김은경, 전상신, 이경아 옮김

Σ 시그마프레스

인지행동치료 워크북

아스퍼거 증후군 아동의 **애착이해 및 표현지도**

발행일 | 2015년 11월 30일 1쇄 발행

저자 | Tony Attwood, Michelle Garnett
역자 | 김은경, 전상신, 이경아
발행인 | 강학경
발행처 | (주)시그마프레스
디자인 | 송현주
편집 | 문수진

등록번호 | 제10-2642호
주소 | 서울특별시 영등포구 양평로 22길 21 선유도코오롱디지털타워 A401~403호
전자우편 | sigma@spress.co.kr
홈페이지 | http://www.sigmapress.co.kr
전화 | (02)323-4845, (02)2062-5184~8
팩스 | (02)323-4197
ISBN | 978-89-6866-519-6

CBT to Help Young People with Asperger's Syndrome (Autism Spectrum Disorder) to Understand and Express Affection

First published in the UK in 2013 by Jessica Kingsley Publishers Ltd.
73 Collier Street, London, N1 9BE, UK
www.jkp.com

Printed and bound in Great Britain.

* 책값은 뒤표지에 있습니다.

* 이 도서의 국립중앙도서관 출판예정도서목록(CIP)은 서지정보유통지원시스템 홈페이지(http://seoji.nl.go.kr)와 국가자료공동목록시스템(http://www.nl.go.kr/kolisnet)에서 이용하실 수 있습니다.(CIP제어번호 : CIP2015031866)

역자 서문

초등학교 입학 후 아스퍼거 증후군 진단을 받은 한 아동의 엄마가 들려준 이야기이다. 세 돌 무렵 아이가 지나치게 고집부리고 예민하여 어김없이 실랑이를 하던 끝에 엄마는 “너 이렇게 하면 엄마 집 나가서 안 돌아온다.”라고 강한 협박을 했다. 그러자 아이는 “그럼 다른 아줌마가 와서 나 밥 줘요?”라며 아주 대수롭지 않다는 듯 반응을 했다. 아이의 엄마는 6년이 지난 지금도 그 순간이 너무 생생하여 그때의 충격에 눈물이 맺힌다고 한다. 아이와 지금까지 지내며 ‘아이가 과연 나를 좋아는 하는지’, ‘엄마라는 특별한 의미에 대해 아이가 알고는 있는지’ 궁금하다며 깊은 한숨과 함께 고백하였다. 그러나 엄마의 우려와는 달리 아이는 엄마를 매우 좋아하고 가끔은 아닐 때도 있지만 엄마만이 유일한 자신의 편이라고 생각하고 있다. 또한 자신을 공격하려고만 하는 적들이 가득한 학교라는 전쟁터에서 자신을 보호해 줄 수 있는 유일한 사람이라고 믿고 있었다.

현장에서 만나본 아스퍼거 증후군 자녀를 둔 부모들은 아동의 학교 및 지역사회에서의 집단생활 적응과 학령기 이후 직업 생활의 적응에 대해 고민한다. 아동의 적응 못지않게 부모가 고민하고 힘들어하는 것 중 하나는 부모와 자녀 간의 정서적 교감 부족이다. 부모의 애정 표현을 거부하는 행동, 부모의 잘못을 차갑게 지적하는 행동, 자기중심적인 감정 표현과 행동들로 인해 부모들은 지친다고 한다. 자녀에게 아스퍼거 증후군이 있기에 애정 표현이 부족하다는 것을 잘 알고 있는 가족조차도 이렇게 힘들고 지치는데 다른 사람들이 자녀를 이해하지 못할 수도 있을 것이라고 가족들은 말한다.

그러나 우리가 분명 알아야 하는 것이 있다. 이들의 마음속에도 가족에 대한 애정과 친구와의 우정, 이성 간의 호감과 사랑에 대한 열정이 있다는 것을. 다만 그 표현 방법과 횟수에는 차이가 있을 수 있다. 더불어 타인의 사랑 표현에 대한 이해에 대해서도 어려움이 있다. 이것이 바로 아스퍼거 증후군인 것이다. 우리가 성장하며 한글을 배우고 숫자와 사칙연산을 배워 일상생활에서 글을 읽고 쓰고 셈을 하며 살아가듯, 아스퍼거 증후군이 있는 사람들은 다른 사람들과 어울리는 방법, 애정 표현, 사회적 기술을 하나하나 배우고 익혀 세상에 적용하며 살아가야 하는 것이다. 눈이 나빠 안경의 도움을 받듯, 세상을 더 잘 볼 수 있는 안경의 역할을 할 수 있는 사회기술 프로그램이 아스퍼거 증후군을 갖고 있는 사람들에게는 필요하다.

아스퍼거 증후군을 갖고 있는 사람들에게 다른 사람들의 일반적인 생각과 표현에 대해 이해할 수 있게 알려주고 어떻게 반응하고 표현해야 하는지 이해시킬 수 있는 효과적인 방법 중 하나로, 아스퍼거 증후군 사람들이 갖는 인지적 장점을 활용한 인지행동치료를 들 수 있다. 이 책은 인지행동치료 방법으로 가족을 비롯한 주변 사람들과의 애착 형성, 애착 표현 및 수용뿐 아니라 더 근본적으로는 애착이 무엇인지를 아스퍼거 증후군 사람들이 알아갈 수 있도록 구성되어 있다. 아스퍼거 증후군 아동 및 성인의 부모, 교사, 치료사 누구나 인지행동치료를 이해하고 이를 적용하여 지도할 수 있도록 쉽게 기술되어 있다.

물론 이것을 완전히 습득하였다고 해서 모든 사람과 적절한 관계를 형성하고 유지해 나갈 것이라고 확신할 수는 없다. 우리가 아스퍼거 증후군 아동들에게 지도하는 사회적 기술은 일반적으로 수용되는 생각과 행동의 방식인 것이다. 이러한 이 사회에서 수용될 수 있는 일반적인 방식으로 생각하고 행동하도록 가르치는 것 못지않게 우리 모두가 아스퍼거 증후군 아동이 일반적이지 않은 나름의 사고 및 삶의 방식을 가지고 있음을 이해하고 인정하고, 더불어 수용할 줄 아는 태도를 갖는 것이 중요하다. 아스퍼거 증후군 아동들이 가지고 있는 독특한 문화가 일반적이지 않다고 하여 '틀리다'고 보는 것이 아니라 '다른' 문화임을 인정하고 서로의 문화를 수용하고자 하는 태도가 우리 모두에게 필요하다.

아스퍼거 증후군 아동이 타인을 이해하고 배려하며 사회적 의사소통을 원활하게 할 수 있음에도 안 하고 있는 것이 아니라 이 부분에 도움과 이해가 필요함을 우리 모두 알아야 한다. 그리고 일반적인 문화를 가르침과 동시에 아스퍼거 증후군의 문화를 향해 다가가고 이해하며 함께하여 아스퍼거 증후군 아동들이 우리의 문화를 수용할 수 있도록 지지해주고 기다려주자. 그러면 우리 아이들은 천천히 우리의 문화를 수용하고 비록 서툴지만 천천히 애정 표현과 수용의 아름다운 빛을 내보일 것이다.

자녀들아, 우리가 말과 혀로만 사랑하지 말고
행함과 진실함으로 하자(요한일서 3:18)

2015년 11월
역자 일동

차례

제1부

소개

아스퍼거 증후군 아동과 청소년을 위한 애착 이해 및 표현 프로그램 지도의 이유

01

아동기 애착

우리는 가족 및 친구관계에서 애착을 표현하는 말과 행동을 자주 주고받으며 상호 간에 즐거워하고 유익을 얻기를 기대한다. 아동들은 영아기부터 부모[1]와의 애착을 즐기고 찾으며 상대가 애착을 기대하는 때를 인지할 수 있게 되고 애착을 표현해야 하는 때를 배우게 된다.

영 · 유아기에 자폐스펙트럼장애(autism spectrum disorders, ASD) 진단을 위해 사용되는 초기 증후 중 하나는 괴로울 때 애착을 통해 위로를 받고자하는 표현에 결핍을 보인다는 것이다. 일반아동들은 성장을 하면서 각 상황 및 대상에 대해 적절한 애착의 유형, 지속시간, 정도를 직관적으로 이해하게 된다. 만 2세 이하의 영아들도 애착의 말과 몸짓을 사용하는 것이 슬퍼하는 사람을 위로할 수 있는 가장 효과적인 방법임을 안다. 그러나 불행하게도 일부 ASD 아동들은 안아주기와 같은 애착의 몸짓을 불편해하고 제한적인 신체 감각을 느낀다. 아동은 자신을 '꽉 잡는 것'을 피하기

1) 역주 : 원문에는 'you'라고 기술되어 있는 것을 여기에서는 맥락에 따라 '부모' 또는 '교사'로 번역함

위해 결과적으로는 '울지 않기'를 배우게 될 수도 있다. 아동은 자신이 괴로워할 때 부모가 자신을 안아주는 이유를 이해하지 못하여 부모의 반응에 대해 혼란스러워할 수 있다. 성인 아스퍼거인은 '안아주는 것이 어떻게 문제를 해결하지?'라고 말하곤 한다. ASD 아동들은 안아주기를 행복감을 느끼기 위해 도움을 청하는 행동이라기보다는 강한 압력을 통해 이완을 하기 위한 몸짓으로 여기고 좋아할 수 있다.

임상 경험에 따르면, 어린 ASD 남아와 여아는 일반아동, 심지어 어른들에게도 사랑과 애착의 강한 감정을 갖게 하며 인간의 특성이 잘 표현된 부드럽고 폭신한 장난감보다는 플라스틱 공룡 모형과 금속 장난감 자동차를 선호하는 경향이 있다. ASD 아동들은 또래와 놀이를 할 때 활동이나 장난감을 나누어 함께 놀이하지 않으려고 할 수 있다. 일반아동들은 보통 좋아함의 표시로 활동이나 장난감을 공유한다. 공유하기를 좋아하지 않는 아동은 다른 아동에게 친근하지 않거나 다른 아동을 좋아하지 않는 것처럼 보일 수 있다. ASD 아동은 애착과 관련된 사회적 관습을 인식하지 못할 수 있다. 예를 들어, 아동은 교사와 부모에게 동일한 애착을 표현하고 기대할 수 있다. 친구 간에 애착을 표현하는 데 남녀 간에 차이가 있다. 일반 여자아동들에게 애착은 또래 놀이의 한 부분이 될 수 있다. ASD 여자아동이 놀이에서 애착을 보이지 않는 것은 우정 형성에 장애가 될 수 있다. ASD 여자아동과 남자아동 모두에게서 나타날 수 있는 또래와의 애착에서 냉담해 보이거나 무관심해 보이는 태도는 사회적 집단에 소속되거나 친구관계를 발전시키는 데 어려움을 초래하게 된다.

일반적으로 ASD 아동은 매우 짧고 낮은 강도의 애착 표현을 즐긴다. 보다 높은 수준의 애착 표현을 경험하거나 그러한 표현이 기대되면 ASD 아동은 혼란스러워하거나 어쩔 줄 몰라 한다. 그러나 반대의 경우도 있을 수 있다. 일부 ASD 아동은 감각 경험 또는 안심을 얻기 위해 과도한 애착을 요구하기도 하고 다소 강하거나 미숙한 애착 표현을 자주 하기도 한다. ASD 아동 및 청소년은 애착 표현을 멈추어야 할 때를 알려주는 비언어적 신호와 맥락적 단서를 인지하지 못할 수 있다. 그래서 다른 사람들을 불편하게 하거나 무안하게 할 수 있다.

부모는 ASD 자녀를 다정하게 안아주면서 사랑을 표현할 것이다. 이때 아동은 부모의 품에 안길 수 있게 몸을 이완하기보다는 뻣뻣한 상태로 있을 수 있다. 또한 아동이 괴로워할 때 부모가 다정한 말과 행동으로 위로를 해도 쉽게 진정되지 않을 수 있다. 자녀에 대한 사랑과 애착의 표현이 거절당하거나 효과적이지 않으면, 부모는 부모

자신이 자녀의 어려움을 회복시켜 줄 수 있을지 또는 자녀가 실제로 부모를 사랑은 하는지 회의감이 들게 된다. ASD 아동이 다정한 몸짓과 말을 거의 사용하지 않기 때문에, 부모는 애착을 박탈당한 느낌을 가질 수 있다. 아스퍼거장애 딸을 둔 한 엄마는 자신의 딸이 가족들에게 애착을 거의 표현하지 않기 때문에 '아빠는 마음이 상하고 비탄에 빠졌다'고 하였다. 또 다른 부모는 '자녀와 원하는 관계를 형성하지 못하여 상처를 받았다'고 하였다. 애착이 상호적이지 않을 경우, 부모는 자신의 애착 표현의 빈도와 강도를 점차 높이면서 보다 강한 애착을 이끌어내려 할 것이다. 그러나 이러한 방법은 보다 더 심각한 위축과 상호 간에 절망을 가져올 수 있다. 또한 ASD 아동은 부모 중 한 명에게만 강한 애착을 보이기도 하며 한 대상과만 애착을 주고받으려고 할 수 있다. ASD 아동의 이러한 특성은 다른 한 명의 부모에게 거절감과 질투심을 느끼게 할 수 있다.

애착을 표현해야 할 때, ASD 아동은 제한된 단어와 몸짓을 사용한다. 이러한 제한된 몸짓은 섬세함이 부족하여 특히 청소년의 경우 연령에 맞지 않거나 미성숙해 보일 수 있다. 이들의 애착 표현과 타인에 대한 호감과 사랑의 표현이 가족 또는 친구들에게는 홍수 또는 가뭄처럼 너무 과하거나 부족하게 여겨질 수 있다. 한 아스퍼거장애 청소년은 '우리는 애착을 느끼기도 하고 표현하기도 합니다. 그런데 이것은 양과 질에 있어 충분하지도 않고 적절하지도 않습니다.'라고 하였다. 각 개인은 애착을 표현하고 즐기는 능력을 갖고 있으며 일반인들에게 이러한 능력은 양동이에 비유할 수 있다. 그러나 일부 ASD 인들에게 이러한 능력은 쉽게 채워지고 천천히 비워지는 작은 컵과 같을 수 있다. 부모가 ASD 자녀에게 애착을 표현하면 ASD 자녀는 쉽게 애착의 포화 상태가 되며 이들이 받은 만큼의 동일한 수준의 애착을 부모에게 되돌려주는 것은 매우 더디거나 불가능한 일일 수 있다.

청소년기 애착

ASD 청소년은 호감에서 사랑에 이르기까지 공감과 애착을 서로 주고받는 것이 청소년기 우정에 얼마나 큰 가치가 있는 것인지 이해하지 못할 수 있다. ASD 청소년은 어릴 적에 애착을 표현하는 말과 몸짓을 학습하고 나면 성장하면서 자신의 사회적 환경이 변화되었음에도 학습한 애착 표현의 말과 몸짓을 조절해 가지 않는다. 예를 들어, ASD 청소년들은 개인의 공간을 허락 없이 침해할 수 있고, 다른 사람의 신체를 만지는 행동은 적절하지 않다는 것을 이해하지 못할 수도 있다. 또한 ASD 청소년들은 호혜적이며 정신적인(플라토닉) 우정 이상으로 발전시키는 방법 또는 보다 깊은 애착의 감정을 표현하는 방법을 알지 못할 수도 있다. ASD 청소년이 좋아하는 또래가 생겼을 때 문제가 발생할 수도 있다. 관심과 애착의 표현이 매우 강하게 인식되어서 상호 동의의 필요성 또는 연령에 적합한 사회적 관습 및 경계가 존재한다는 것을 인식하지 못할 수 있다. ASD 아동 및 청소년은 자신의 사고와 감정뿐만 아니라 다른 사람의 사고와 감정을 반영하는 데 어려움을 보이는데, 심리학자들은 이러한 어려움을 '마음 이해(Theory of Mind)'의 결함이라는 용어로 설명한다. 이들은 친구나 지인의 친절한 행동을 보다 특별한 의미가 있는 것으로 잘못 해석하기도 한다. ASD 인들은 다른 사람도 자신을 좋아한다고 여겨서 그 사람을 지속적으로 따라다니면서 친절 이상의 행동을 요구할 수 있다. 그 결과 스토킹 혐의를 받을 수 있으며 우정이 깨질 수 있다.

일반 청소년들은 우정 또는 연애관계에서의 적절한 애착 수준에 대해 알려줄 수 있는 친구들이 주변에 많이 있다. ASD 청소년들은 또래 간에 일어나는 애착 표현을 이해하고 남자친구와 여자친구 간의 감각적 경험에 대한 분명한 즐거움을 점진적으로 알아나갈 수 있다. ASD 청소년은 그러한 관계를 형성하기는 어렵지만, 유사한 경험을 갖고자 하는 인지적, 정서적 호기심과 갈망은 있다. ASD 청소년들은 애착의 드라마틱한 표현을 강조하는 TV 프로그램이나 연령에 맞지 않으며 불법적인 행위를 묘사하는 인터넷의 포르노그래피를 통해 애착을 표현하는 방법이나 정보를 접할 수도 있다. 또래가 그러한 행동을 부추기거나 또래와 함께 모방을 할 경우 보다 문제가 심각해질 수 있다. 이들이 보이는 (애착에 대한) 미성숙하고 순진무구한 애정 표현은 이들의 의도와는 달리 보다 더 친밀한 행동(성행위)에 대한 욕구를 나타내는 것으로 오해될 수 있다. 특별히 청소년 여학생의 경우, 그들이 보이는 미성숙한 표현이 오히려 다른 사람을 '유혹한 것'으로 오해되어 비난이나 고소를 받을 수 있으며 정신적 외상을 초래할 정도의 심각한 경험을 할 수 있다.

ASD 청소년 남학생의 또 다른 고민은 연애관계에서 언제 애착 표현을 멈추어야 하는가를 아는 것이다. 일반 청소년은 계속해서는 안 된다는 것을 나타내는 노란색 또는 빨간색 신호등과 같은 언어 및 비언어적 신호를 인지한다. 이러한 신호를 인지하지 못하면 비난을 받거나 범죄에 연루될 위험이 있다.

인기 있는 사람이 되고 싶은 욕구 때문에, ASD 청소년들은 악의적인 의도로 접근하는 또래에 의해 함정에 빠지기 쉽다. 예를 들어, 누군가가 ASD 청소년에게 호감을 갖고 있다고 의도적으로 잘못된 정보를 주는 것이다. 이러한 거짓말이 잘못된 접근이나 제안으로 이어져 ASD 청소년들을 혼란스럽게 하거나 더 큰 문제로 번져 고소를 당하는 일까지 생길 수도 있다. 반대로, 일부 ASD 청소년들은 애착의 다양한 양상에 대해 혼란스러워하여 애착에 대한 경험이나 표현에 있어서 공포를 가질 수 있다. 이러한 경우 이들이 갖고 있는 공포심이 이해받기보다는 내숭을 떠는 것처럼 보이거나 금욕주의자처럼 여겨지기도 한다.

이 프로그램은 본래는 평균 범위의 지적 능력을 가진 8~13세 ASD 아동을 위해 고안되었다. 그러나 어린 ASD 아동뿐 아니라 특히 연령이 높고 기능수행 수준이 낮은 청소년들에게도 효과적일 수 있다.

공감

애착이 기대되는 상황에서 ASD 아동이 애착을 거의 보이지 않는다면, 사람들은 ASD 아동이 공감능력이 결여되었다고 생각할 것이다. ASD 아동이 친절을 베푸는 사람에게 비난을 하는 이유를 부모들은 궁금해할 것이다.

이러한 행동은 ASD 아동의 공감능력의 결여와 관련되는 것으로, ASD 아동의 공감능력 결여는 두 가지 문제로 설명할 수 있다. 첫째, ASD 아동은 누군가 괴로움을 느끼고 있는 미묘한 몸짓과 상황적 단서를 읽는 능력에 결함을 보인다. 이러한 미묘한 표시를 읽지 못하면 걱정, 연민, 애착에 대한 적절한 반응을 하는 데 어려움이 있다. 또한 아동은 공감에 대한 적절한 반응 방법을 알지 못해 잘못된 방식으로 반응하는 것을 두려워하여 아무것도 하지 않는 것이 안전하다고 느낄 수 있다.

둘째, ASD 아동은 일반아동과 마찬가지로 누군가에 대한 진실하고 깊은 사랑과 연민의 감정을 표현하고 즐거워할 수 있으나, 포옹 또는 입맞춤과 같은 일반적인 애착의 말이나 몸짓 대신에 다른 방식으로 표현할 수 있다. 예를 들어 누군가 자신의 물건이 망가져서 속상해하면 ASD 아동은 먼저 그것을 고쳐주거나 다른 것으로 바꾸어주는 반응을 보일 것이다. 그러나 누군가 가까운 사람의 죽음으로 마음의 상처를 받고 괴로워하고 있다면 ASD 아동은 어떻게 해야 할지 몰라 오히려 아무것도 하지 않을 수 있다. 이와 같이 ASD 아동은 애착의 말이나 몸짓이 친구와 가족에게 빠르고 강력하며 쉽게 정서적 회복을 가져다준다는 것을 인식하지 못할 수 있다.

감정 회복을 위한 애착

ASD 아동들의 매우 효과적인 세 가지 정서적 회복 전략으로 첫째, 혼자 있거나 둘째, 애완동물과 있거나 셋째, 자신만의 특별한 관심사에 몰두하는 것을 들 수 있다. 이러한 점이 바로 ASD 아동들이 힘들어하는 사람을 혼자 있게 두거나 피하는 이유가 될 수 있다. 공감 결여를 나타내며 타인의 감정에 무신경하거나 짜증스러워하는 것으로 인지될 수 있는 ASD 아동의 또 다른 반응으로는, 특별한 관심사에 관한 대화를 하고자 노력하는 것이다. 이러한 행동은 냉담함을 나타내는 것이 아니라, 연민을 나타내는 그들만의 현실적인 방식인 것이다. 즉 ASD 아동 자신의 기분을 낫게 만드는 방법이 상대방에게도 효과가 있을 것이라고 여기는 것이다.

ASD 인들은 사람보다는 동물에게 보다 쉽게 애착과 애정을 표현하기도 한다. ASD 아동이 부모에게 표현하는 것보다 훨씬 더 많이 그리고 더 자주 애완동물에게 애착을 보이기도 한다. 부모는 애완동물에게 부러움을 느끼기도 하고 자녀가 사랑 표현을 할 수 있음에도 불구하고 부모에게 하지 않는 것으로 생각하여 화가 날 수도 있다. 아동 입장에서 보면, 인간은 복잡한 요구를 가지고 있고, 속이거나 괴롭힐 수 있으며, 자신이 하고자 하는 활동에 참여하는 것을 방해하거나 막는 존재이기도 하다. 반면에 동물들은 충성스럽고 공손하며 예측 가능하고 아동을 만나는 것을 매우 좋아하여 아동에게 행복감을 느끼게 하는 존재이다. ASD 인들에게는 특히 고양이가 인기가 많다. 저자 중 한 명인 토니는 고양이를 자폐성 강아지라고 말하곤 한다. ASD 아동의 부모는 자녀의 애착 반응이 고양이의 반응과 유사하다고 느끼기도 한다. 아동은 수용적인 분위기에 있는 것을 즐기기도 하나 어떤 때는 이러한 분위기를 불편해하고 괴로워한다. 이러한 아동의 반응에 부모는 거부당하는 느낌을 받는다.

애착의 빈도

일반적으로 사람들은 우정 또는 타인과의 관계에서 애착의 말이나 행동, 칭찬을 자주 기대한다. ASD 아동은 이를 반복적이고 비논리적이며 시간낭비라고 여길 수 있다. 이미 그러한 말과 행동을 했는데 반복해서 해야 할 이유가 없다고 생각한다. 한 ASD 청소년의 엄마는 아들이 자신에게 사랑한다고 말한 적이 없다고 불평한다. 그러나 아들은 여섯 살 때 엄마에게 사랑한다고 말했다고 하며 엄마의 이러한 불평에 오히려 짜증을 낸다. 아들은 엄마에게 사랑한다는 말을 다시 해야 하는 이유가 있는지 또는 엄마가 알츠하이머 증상을 보이는 것은 아닌지 생각한다.

감각적 민감성과 애착

부모와 가족 및 친구들은 ASD 아동의 애착을 즐기고 표현하는 능력에 영향을 미치는 감각 경험의 민감성 또는 둔감성 등의 특정 양상을 이해하는 것이 중요하다. 예를 들어, 아동은 촉각에 민감 반응을 보일 수 있다. 이러한 아동은 피부에 아주 가벼운 접촉만 있어도 극단적으로 불쾌한 감각 경험을 하게 되는 것이다. 민감한 특성은 위로의 표현으로 대화 중에 손이나 팔을 잡거나 가볍게 접촉하는 등의 애착 행동에 부정적인 영향을 미칠 수 있다.

갑자기 뒤에서 등을 치거나 안는 것과 같이 예기치 않았던 접촉은 행동의 발생 신호를 미리 감지할 수 없기 때문에 깜짝 놀라는 반응을 일으킬 수 있다. 또한 입맞춤도 불쾌한 촉각 자극으로 감지될 수 있다. 후각 자극에 민감한 ASD 인은 누군가 자신을 안아줄 때 상대의 향수나 체취를 예민하게 인식하여 이러한 후각 자극을 피하고 싶은 매우 불쾌한 자극으로 인지하게 된다. ASD 인들의 독특한 감각 특성은 애정 표현을 적극적으로 하는 일부 가족 구성원을 피하려는 원인이 되기도 한다.

프로그램의 목표 02

심리학자들은 애착은 신체 및 정신 건강의 근본이며 관계를 시작하고 유지하는 데 매우 중요한 수단이라고 여긴다. 일반인들은 호감이나 애정에 대한 표현을 하기 위해 도움을 요청하는 경우가 거의 드물지만, ASD 아동의 부모와 전문가들은 ASD 아동이나 성인에게는 애착을 이해하고 표현하는 방법에 대한 정보와 교육이 필요하다는 것을 점차 인식하고 있다.

프로그램의 목표는 다음과 같다.

1. 아동이 애착 표현 및 경험을 통해 우정과 관계를 향상시킬 수 있도록 돕는다.
2. 아동이 애착의 몸짓, 행동, 말에 대한 자신의 위안/위로 및 즐거움의 범위와 가족 및 또래의 위안 및 즐거움의 범위를 판별할 수 있도록 돕는다.
3. 관계 및 상황별로 적절하게 누군가를 좋아하고 사랑하는 것에 대한 아동의 표현 범위를 향상시킨다.
4. 애착 표현이 요구되는 때의 신호를 읽을 수 있도록 ASD 아동이 직면하게 되는 도전 과제를 부모나 친구들이 전문가의 도움으로 설명가능하다.

이 프로그램은 Tony Attwood 교수와 Michelle Garnett 박사 그리고 수십 년 동안 호주 브리즈번에서 ASD 전문가로서 풍부한 임상경험을 가지고 있는 2명의 임상심리사에 의해 개발되었다. 이 프로그램에 대한 최근의 예비 연구 결과를 살펴보면, 애착의 목적에 대한 ASD 아동들의 이해가 증가하였고 또한 적절한 애정 어린 행동들이 유의미하게 증가한 것으로 나타났다(Sofronoff et al., 2011). 그 후 이 프로그램은 무작위 대조군 실험 방법으로 평가하였으며 프로그램에 참여한 실험집단의 아동들은 애착의 이해와 애착 행동의 적절성이라는 두 영역에서 모두 긍정적인 향상을 보였다(Andrews, Attwood and Sofronoff, under review).

누가 이 프로그램을 사용할 수 있는가?

03

교사와 심리학자, 전문치료사들이 개발한 이 프로그램은 가정에서 부모가 자녀와 함께 사용할 수 있으며 또한 약 6명 정도의 소집단으로 구성하여 사용할 수 있다. 활동은 매우 간단하여 특별한 사전 훈련 없이도 프로그램을 시행할 수 있다. 이 책의 첨부판인 From like to love for young people with Asperger's syndrome(ASD) (Attwood and Garnett, 2013)은 부모를 위한 책이다.

인지행동치료 04

자폐스펙트럼장애, 특히 아스퍼거장애 아동 및 청소년은 불안, 슬픔, 분노 등의 정서적 어려움으로 인해 기분장애(mood disorder) 관련 심리치료를 받기도 한다. 그러나 임상 경험에 근거해 보면, 부모가 특별히 고려해야 하는 중요한 또다른 정서가 있다. 이는 애착의 느낌을 이해하고 표현하는 능력과 관련이 있다. ASD 아동 및 청소년은 다른 사람을 좋아하거나 사랑하는 감정을 표현하거나 가족들이나 친구들이 감정을 정기적으로 표현해주기를 바라는 요구가 있다는 것을 직관적으로나 본능적으로 이해하지 못한다.

불안정한 정서에 대한 주요한 심리치료로는 인지행동치료(cognitive behavior therapy, CBT)가 있다. 이는 수십 년간 발전되고 개발된 것이다. CBT는 정서, 특히 불안, 슬픔, 분노에 관해 생각하는 방식을 변화시키거나 정서에 반응하는 방식을 변화시키는 데 효과적인 치료이다. 이 책은 애착에 특별히 초점을 둔 첫 번째 CBT 프로그램일 것이다.

CBT는 정서의 성숙, 복잡성, 미묘함, 어휘에 중점을 두고 역기능적이거나 비논리적인 사고와 바람직하지 않은 가정에 초점을 둔다. 그렇기에 정서를 이해하고 표현하고 관리하는 데 제한이 있고 어려움이 있는 ASD 아동 및 청소년에게 CBT가 도움이 될 수 있다. CBT의 이론적 모델은 현재 일반적으로 알려지고 있는 인간 정서에 대한 과학적 모델이다. 즉 자신의 정서 상태를 보다 의식적으로 인식하기, 자신의 정서에 반응하는 방법 알기, 다른 사람이 어떻게 느끼는지에 대해 보다 더 민감하기, 다른 사람의 정서에 반응하는 방법을 알기이다. 다른 사람의 정서에 반응하는 방법을 아는 것은 ASD 인들이 특히 어려움을 보이는 부분이다.

CBT는 다음의 네 가지 단계의 구성요소를 가지고 있다－첫 번째 단계는 문제의 본질과 정도를 사정한다. 두 번째 단계는 아동의 정서에 관한 지식을 증가시킨다. 토론 및 활동을 통해 부모는 사고, 정서, 행동 간의 연계를 탐색하여 아동이 정서를 이해하고 다양한 상황을 지각하는 방식을 판별하게 될 것이다. 아동이 정서를 보다 잘 이해할수록, 아동은 보다 적절하게 정서를 표현하고 조절할 수 있게 된다. 세 번째 단계는 왜곡된 사고를 바로잡고 정서를 긍정적으로 관리한다. 마지막 단계는 활동 일과표를 활용하여 실생활에서 정서를 이해하고 표현하는 새로운 기술을 연습한다. 이 프로그램은 위에 언급된 이러한 구성요소들을 모두 포함하고 있다.

CBT는 정서 표현의 시기와 방법에 관한 교육이며 특정 상황과 사람에 대해 적절한 정서 표현의 빈도 및 정도에 관한 교육이다. 이 프로그램에서는 CBT 전략을 적용하여 아동 자신과 다른 사람의 애착 개념과 감정을 이해할 수 있도록 돕는다. 또한 사고와 행동을 바꿀 수 있도록 인지적 재구조화를 한다. 그리고 애착의 감정과 관련이 있는 불안, 혼란, 좌절을 줄인다. 프로그램의 의도는 애착에 대한 아동의 인내와 즐거움을 점진적으로 증진시킬 뿐만 아니라 우정 또는 가족관계에서 호감으로부터 사랑의 범위에 이르기까지 애착을 표현하는 아동의 능력과 자신감을 함양하는 것이다. 애착을 수용하고 즐기는 것을 학습함으로써 아동은 자신이 개인적으로 호감이 있고 사랑스러운 존재임을 받아들일 수 있을 것이다.

ASD 아동이 애착과 애착 표현에 대한 혼란을 느낀다면, 아동은 여전히 인정, 애정, 사랑을 매우 필요로 하고 있는 것이다. 애착의 새로운 기술을 연습하고 나면, 아동은 인정, 애정, 사랑을 더 받고 싶어 할 수 있다. 친구와 가족으로부터 사랑을 받는다고 느끼게 되면 아동은 사회적 상황에서 자기수용과 자신감을 보다 더 많이 느끼게 된다. 우정과 가족관계에 보다 더 많이 참여하게 되면 아동은 미래의 관계를 위한 중요한 준비를 할 수 있게 된다.

CBT는 ASD 아동 및 청소년이 보이는 정서에 대한 의사소통 및 표현에서의 문제를 의미 있게 감소시킨다는 객관적이고 과학적인 증거 기반의 중재이다. CBT 프로그램은 일반적으로 임상심리사에 의해 시행되지만, 이 프로그램은 심리치료사, 언어치료사, 작업치료사뿐만 아니라 교사도 시행할 수 있다.

애착의 신경학

ASD 인을 대상으로 신경촬영기법을 사용한 연구에서, 편도체의 구성 및 기능에서의 비정상성이 판별되었다. 편도체는 정서의 인식 및 조절과 관련한 뇌의 한 부분으로, 불안, 슬픔, 애착을 포함한 다양한 정서를 조절하는 역할을 한다. 이러한 신경해부학적 증거는 ASD 인들은 애착을 포함하여 정서를 인식하고 조절하는 데 문제를 가지고 있음을 시사하는 것이다.

베스트셀러 작자이자 ASD 전문가로 국제적으로 인정받고 있는 Temple Grandin은 다음과 같이 설명하고 있다.

> 나의 뇌는 전두엽과 편도체 사이의 일부 정서 회로가 연결되지 않았음을 보여준다. 정서 회로는 나의 정서에 영향을 미치고 사랑을 느끼는 나의 능력과 관련이 있다. 나는 사랑의 정서를 경험한다. 하지만, 대부분의 일반인들이 경험하는 것과 같은 방식은 아니다. 그렇다고 하여 나의 사랑이 다른 사람들이 느끼는 것보다 가치가 적다고 할 수 있을까? (Grandin & Barron, 2005, p. 40)

제2부

프로그램 활용방법

애착 소통 능력 평가 05

질문지

초기에 애착 표현을 위한 CBT 프로그램이 개발될 때는 ASD 아동이나 청소년에게 적용할 수 있는 애착 표현의 표준 측정법이 없었다. 퀸즐랜드대학교의 소프로노프 박사와 리 박사, 셰필드 박사와 토니 애트우드는 일반아동과 청소년들의 애착 표현 소통 능력을 탐구하고 CBT 프로그램을 통한 변화를 측정하는 데 사용될 수 있는(Sofronoff et al., 출판 중) 세 가지 애착 측정 도구를 개발하고 표준화하였다. 이 세 종류의 애착 표현 질문지는 부록 2에 포함되었으며, 다음과 같다.

타인에 대한 애착 질문지(AOQ)

AOQ(The Affection for Others Questionnaire)는 한 아동이 같은 반 아동들과 친구들, 가족들에게 말과 몸짓으로 주고받는 애착 표현과 공감소통을 살펴보는 20문항의 질문지이다. AOQ는 5개의 하위영역으로 구성되어 있다 – 언어적 애착 표현, 신체적 애착 표현, 언어적 애착 수용, 신체적 애착 수용, 공감의 의사소통. 각각의 하위척도들은 0.85~0.94 사이의 크론바흐 알파계수로 좋은 내적 일관성을 갖고 있는 것으로 나타났다(Sofronoff et al., 2011). AOQ는 총 20개의 문항으로 각 하위영역별로 4개씩의 문항으로 구성되어 있다. 각 문항에는 두 가지 유형의 질문이 있다. 첫 번째 질문은 아동의 애착 표현이 얼마나 적절한지에 대한 질문으로 부모가 체크한다. 점수는 1점 '전혀 적절하지 않다'부터 7점 '항상 적절하다'까지이다. 두 번째 질문은 아동이 표현하는 애착의 양을 평가하는 것으로 1점 '충분하지 않다'에서 7점 '너무 많다' 사이의 점수로 평가한다.

AOQ의 점수는 다음의 척도 각각에 대해 적절성 점수와 양의 점수를 분리하여 합산한다 – 공감의 의사소통, 애착 표현, 애착 수용. (애착 표현은 언어적 애착 표현과 신체적 애착 표현을 합산한다. 애착 수용은 언어적 애착 수용과 신체적 애착 수용을 합산한다.) 애착의 적절함의 총점수와 애착의 양에 대한 총점수는 각 하위영역 점수의 합을 합산하여 계산한다. 모두 합쳐 10개의 점수가 가능하다.

이 설문지는 54명의 아스퍼거 아동에게 애착 프로그램 무작위 대조군 실험으로 시행되었다(Andrews, Attwood and Sofronoff, under review). 두 시행에 걸친 AOQ 적절함 합계, 애착 표현, 애착 수용, 공감의 의사소통의 하위척도 평균과 표준표차는 아래의 표와 같다. 시행 1은 애착 프로그램이 시작할 때의 질문지 결과이며 시행 2는 애착 프로그램이 완료되었을 때의 결과이다. RCT에 대한 상세한 설명은 원본 논문을 참조하라(Andrews, Attwood and Sofronoff, under review).

AOQ 부척도 점수들의 시간대별 평균과 표준표차(N=54)

측정	시행 1		시행 2	
	M	SD	M	SD
AOQ – 적절성 총합	65.61	(19.32)	79.70	(16.76)
AOQ – 애착 표현	26.22	(8.89)	31.22	(7.55)
AOQ – 애착 수용	28.50	(9.40)	32.30	(7.60)
AOQ – 공감의 의사소통	14.30	(4.18)	16.19	(3.48)

애착 점수의 총합계에 대한 해석은 다음과 같다 – 59점 이하의 점수는 '낮은 애착', 59~100점 사이의 점수는 '적당한 애착', 그리고 101점 이상의 점수는 '높은 애착'이다. 부모가 자녀의 애착 어린 몸짓들을 평가하는 방법이 연속적이지 않기 때문에, 즉 아동의 적절한 애착의 향상은 이 척도 안에서 증가와 감소로 나타날 수 있기 때문에 총합계 점수의 평균은 제공되지 않았다. 바람직한 결과는 아동이 '적당한 애착 표현'을 보이는 것이다.

부모에 대한 애착 질문지(AYQ)

AYQ는 한 아동이 부모와 언어 또는 몸짓으로 주고받는 애착과 공감의 의사소통을 살펴보는 19문항으로 구성된 설문지이다. AOQ와 유사하게 AYQ에도 5개의 하위척도가 있으며, 각각의 하위척도들은 0.9~0.95 사이의 크론바흐 알파계수로 신뢰성 있는 내적 일관성을 갖고 있는 것으로 검증되었다(Sofronoff et al., 2011). 각 문항에는 두 가지 하위 질문이 있다. 첫 번째 질문은 한 부모에게 나타내는 애착 표현의 빈도를 1점 '절대 표현하지 않는다'부터 7점 '하루에 두 번 이상 표현한다'까지의 점수로 평가한다. 질문지의 이 항목은 질적인 측정이며 점수가 계산되지 않는다.

두 번째 질문은 애착 표현의 양으로, '총 애착 표현'을 1점 '충분하지 않다'부터 7점 '너무 많다'까지의 점수로 측정한다. 총 애착 표현 점수를 계산하기 위해서는 간단히 질문지 안의 각 질문의 두 번째 부분에 동그라미 표시된 숫자들을 모두 합한다.

총점수의 해석은 다음과 같다 – 57점 이하의 점수는 '낮은 애착', 57~95점 사이의 점수는 '적당한 애착', 그리고 96점 이상의 점수는 '높은 애착'으로 평가된다. 위의 AOQ에서와 같이 바람직한 결과는 아동이 '적당한 애착 표현'을 보이는 것이다.

일반 애착 질문지(GAQ)

GAQ는 애착 표현이 요구되는 장면에서 부적절하거나 과도한 애착을 표현하는 것, 일상생활에서 애착의 중요성, 교육과 지원소통의 측면들을 조사한다. 부모는 12개 문항들에 1점 '전혀 동의하지 않는다'부터 7점 '확실히 동의한다' 중의 점수로 평가한다. 이 문장들은 아동이 표현하는 애착의 양, 애착의 적절성, 아동이 보이는 애착에 대한 어려움의 영향, 그리고 애착에 관한 아동의 지식을 다양하게 평가한다. 점수 계산은 간단히 12개의 모든 항목을 합하여 '애착의 어려움 총합계 점수'를 구한다.

무작위 대조군 연구(Andrews et al., under review)에서 54명의 AS 아동들의 평균 점수는 42.19였고 표준편차는 14.9였다. GAQ는 애착 표현 프로그램을 하는 동안의 변화를 측정할 수 있는 민감한 척도는 아니지만, 아동의 어려움이 어떤 상태인지 알아내기 위한 초기의 평가에 유용하게 사용할 수 있다.

이야기

세 가지 이야기(부록 1 참조)를 들려준 후 아동이나 청소년들에게 애착 소통과 연관된 질문을 한다. 이 이야기들은 아동이 애착 표현의 목적을 이해하는지를 평가하는 것이다. 아동에게 각각의 시나리오를 읽어주고 대답을 기록한다. 적절한 대답 하나당 1점을 배정하여 각 이야기의 점수를 합산한다. '숲 속의 산책' 테스트는 애착 표현의 이해에 대한 변화를 측정하는 데 유용한 척도로 확인되었다(Sofronoff, 2011).

숲 속의 산책

이 이야기의 중심 주제는 최근에 지구에 착륙한 외계인을 만나게 되면서 그 외계인에게 인간들이 서로에게 애착을 갖는 이유를 설명하는 상황에 대해 상상하는 것이다. 이 이야기는 애착 표현의 가치에 대한 아동의 이해도를 알 수 있게 한다.

엄마의 눈물

아동에게 학교에서 집으로 돌아왔을 때 엄마가 부엌의 식탁 앞에 앉아 눈물을 흘리고 있고, 매우 괴로워하고 있는 모습을 발견하게 되는 상황을 상상하게 한다. 엄마가 우는 것은 아동 때문이 아니라고 설명하고, 이 상황에서 어떻게 할지에 대해 질문한다. 보통 첫 번째 반응은 "무슨 일이 있어요?"이거나 "무슨 일이 일어난 거예요?"라고 묻는 것이다. 그다음 더 중요한 질문은, 아동에게 엄마의 기분을 좋게 하기 위해서 어떤 행동이나 말을 하겠냐고 묻는 것이다. 이 질문에 대한 응답은 애착이 표현되었는지, 어떻게 표현되었는지, 어떤 종류의 애착 표현(예 : 포옹)이었는지, 그리고 설거지를 해드린다거나 휴지를 어머니께 드리는 것과 같은 감정회복을 위한 보다 현실적인 방법을 제안하였는지 등을 고려하여 분석한다.

슬퍼하는 친구

아동에게 친구보다 조금 일찍 학교에 도착한 상황에 대해 상상하게 한다. 친구가 매우 슬퍼 보이는 모습으로 학교 운동장에 들어와서는 이른 아침 자신의 개가 집에서 달아나 도로를 건너다가 차에 치여 죽었다고 아동에게 이야기한다. 이 상황에서 아동은 그 친구를 위로하기 위해 어떻게 할 것인지 질문한다.

프로그램 전후 평가

아동들의 애착에 대한 유용한 정보를 얻기 위해 3개의 애착 질문지와 세 가지 이야기를 프로그램을 실행하기 전에 실시한다. 이를 통하여 아동이 애착을 어떻게 소통하는지에 대한 유용한 정보를 얻을 수 있으며, 특정한 상황에서 아동이 사용하는 애착의 유형을 이해할 수 있다. 프로그램 종료 후 동일한 질문지와 이야기를 사용하여 다시 평가한 후 아동의 애착에 대한 개념에 어떤 변화가 생겼는지를 측정하고, 프로그램 참여 후 아동의 애착에 대한 생각과 표현에 변화가 있었는지 등을 평가한다.

집단 활동과 개별 활동 방법 06

ASD 아동과 청소년들은 구조가 잘 짜여 있고 논리적이거나 과학적인 사고로 흥미를 일으키는 프로그램들에 더욱 잘 반응한다. 이들의 인지적 특성으로는 뛰어난 시각적 추론능력을 들 수 있다. 따라서 대화를 강조하는 활동보다는 사진이나 그림을 활용한 활동이 효과적이다. ASD 아동들은 일반화와 다른 상황에 대한 정보 회상에서 문제를 보이는 경우가 있기 때문에, 프로그램을 구성할 때 역할놀이와 실제 일상생활에 대한 연습을 포함시키는 것이 좋다. 또한 프로그램을 수행하는 전문가는 자폐인의 여러 특징, 예를 들어 숙어와 비유를 혼란스러워하고 문자 그대로의 해석을 하는 성향에 대해 이해하고 있는 것이 중요하다. 만약 집단으로 프로그램을 운영한다면, 진행자와 참여자의 비율은 담당 임상의의 경험에 따라 1 : 2부터 1 : 4까지로 다양하게 구성할 수 있다.

이 프로그램에 사용된 접근방법은 ASD 아동과 청소년들의 논리적인 사고에 중점을 두고 있다. 마음 이론의 어려움 때문에 ASD 아동은 일반아동과 비교할 때 구체적인 생각과 감정을 나타내는 핵심적인 신호들을 어떻게 발견하는지와 호감에서 사랑까지의 다양한 수준의 애착을 어떻게 감지하는지에 대해 보다 더 비중을 둔 프로그램이 필요하다. ASD 아동이 마음 이론 능력을 향상시킬 수 있도록 특별히 개발된 전략들은 캐롤 그레이(Carol Gray)가 만든 상황 이야기(Social Stories™)와 연재만화 대화(Comic Strip Conversations™)가 있다(추천 자료 참고). 상황 이야기는 교사와 부모가 ASD 아동이나 청소년의 관점을 조사하여 이해할 수 있게 하고, 아동이 특정한 상황에서 적절한 정도의 애착을 표현할 수 있도록 함께 탐색하며, 애착 표현의 가치를 설명할 수 있게 한다. 예를 들어 상황 이야기는 진실한 애착을 의심할 이유가 없음에도 불구하고 친구들과 가족에게 좋아하거나 사랑하고 있다는 것을 자주 상기시켜주는 것이 왜 필요한지를 설명할 때 사용할 수 있다. 연재만화 대화는 사건들과 감정을 표현하기 위해서 막대그림과 생각, 말과 감정 풍선들의 간단한 그림들을 사용한다. 연재만화 대화는 사회적 상황과 감정들에 있어서 부정확하거나 제대로 기능하지 않는 인식들을 고치는 데 특히 더 유용하다. 부모는 회기 내에 지정된 활동을 보완하기 위해 회기 중 상황 이야기나 연재만화 대화를 사용할 수 있다.

마음 이론 이해능력에 대한 연구가 ASD 아동과 청소년들이 감정 상태를 '읽는 것'에 어려움을 겪는 것을 밝혀내는 동안, 임상경험과 연구 또한 실감정증, 말하자면, 특별히 미묘하거나 복잡한 감정의 다양한 정도의 감정적 경험을 설명하는 어휘가 감소하는 증상의 특징을 확인했다. CBT의 정서교육 구성요소는 ASD 아동과 청소년이 감정을 설명하는 어휘들을 발전시켜 실감정증의 영향을 감소시킬 수 있기 때문에 더욱 중요하다. 이 프로그램에서 채택된 방법은 만일 적합한 단어 찾기가 어려운 경우, 아동이 누군가를 좋아하거나 사랑하는 정도를 경험과 즐거움의 강도를 나타내는 온도계나 수치 평가로 교정하고 표현할 수 있도록 표현 방법을 정량화하는 것이다.

이 프로그램은 활동지를 사용하는데(3부 참조), 일부 ASD 아동은 필기 능력이 미숙하고 쓰는 것보다는 듣고, 보고, 하는 것을 좋아하기 때문에 아동이 정보를 기록하는 쓰기 활동을 최소화하였다. 필기를 정말 힘들어하는 경우에는 프로그램의 실행자가 참가자들의 의견과 답변을 듣고 활동지를 대신 작성한다. 독자들은 모든 활동지를 개인적인 사용을 위해서 복사할 수 있는 권한이 있다.

각 회기의 마지막에는 다음 회기 전까지 수행해야 하는 과제를 제시하고 있으며 다음 회기는 수행해 온 이전 회기의 과제를 점검하는 것으로 시작한다. 이 과제는 실제 상황에서 전략을 적용할 수 있도록 제작하였다. ASD 아동은 종종 학교에서의 아픈 경험으로 숙제에 대한 혐오감이 있기 때문에 프로그램을 진행하는 전문가는 과제 완성의 중요성을 강조하고, 아동이 수행할 수 있도록 적극적으로 격려할 필요가 있다. 또한 친구에게 애착 표현하기와 관련하여 가정과 학교 간의 협력관계가 필요하다. 교사들이 이 프로그램을 잘 이해하고 아동이 또래와의 우정을 표현하고 반응하는 지식을 증진하는 데 도움을 줄 것을 부탁하라. 교사는 프로그램을 성공적으로 진행할 수 있도록 도움을 줄 수 있다.

일반화된 접근 방식은 성취와 발견, 보상과 흑백논리 회피를 강조하는 것으로 아동의 적극적인 참여와 긍정적인 생각들을 할 수 있도록 언제나 격려해야 한다. 교사, 심리학자나 치료사와 같은 프로그램의 전문 진행자들은 ASD 개인이 갖고 있는 특성을 수용하여 요점을 분명히 전달할 수 있다. 예를 들어 특정한 관심사에 몰입하는 감정을 누군가를 사랑하는 마음으로 비유함으로써 ASD의 특징을 사용해서 요점을 설명하도록 한다. 각 활동의 지속 시간은 관심 정도와 학습능력 및 아동의 진행 속도에 따라서 변동이 있을 수 있지만 일반적으로는 각 회기를 1시간 내에 마치도록 되어 있다. 활동은 활동지의 순서대로 완성시키지 않아도 되며 부모나 진행자는 추가적으로 다양한 활동과 재료를 삽입하여 활용할 수 있다. 따라서 프로그램은 구조와 시간에 있어서 융통성 있게 진행할 수 있으며 개인의 필요에 따라 진행한다.

집단 회기

프로그램을 집단 형태로 진행한다면, 집단 구성원의 선정에 주의를 기울일 필요가 있다. ASD 아동과 청소년들은 ADHD와 반항성 장애와 같은 추가진단의 위험이 있다. 이중진단은 집단의 화합에 영향을 미칠 수 있다. 집단의 협동을 극대화하고 상호 간의 지원과 집단 회기 도중과 종료 이후에도 지속적으로 관계를 유지하고 발전시킬 가능성을 높이기 위해서는 각 참가자들의 성격과 감정적 · 지적 수준을 고려하는 것이 중요하다. 만약 집단 형태로 진행된다면 가장 효과적인 비율은 1 대 2에서 1 대 4 정도이다. 진행자와 아동 간의 집단 내 구성원들 간의 상호작용과 주의를 집중시키며 진행하기에 적절하다.

집단 화합 달성하기

참가자들을 선별하는 일은 개인적 충돌의 가능성을 줄이고 참가자들에게 필요한 지원을 균등하게 분배해야 한다는 점에서 중요하다. 다른 집단 참가자와 비교할 때 추가 관리와 설명이 필요한 참가자가 여러 명 있다면 프로그램 진행과정과 집단 화합에 부정적인 영향을 끼칠 수 있다. 진행자들이 신중하게 참여도를 관찰하고 참가자들을 이해하는 것이 필요하다면 진행자와 참가자의 비율은 1 대 2 수준이 가장 적절하다. 1명의 진행자는 각 활동을 진행하고 또 다른 진행자는 참가자들의 주의를 집중시키고 정보를 기록하는 것을 담당한다.

또한 집단 형태로 진행될 때는 충분한 개인 공간의 제공과 편안한 의자, 그리고 후각과 촉각의 민감도, 밝은 빛과 기계의 소리에 대한 민감도 등 ASD와 관련된 감각 문제에 대해 고려해야 한다. 프로그램 진행자는 ASD 아동이 사회적/감정적인 정보를 받아들이고 응답하는 데 시간이 걸린다는 점과 이러한 아동들이 정서적 분위기와 태도, 특히 비판과 부정적인 것에 매우 민감하다는 사실을 인지해야 한다.

임상경험에 따르면 ASD 아동은 실패, 오류나 실수를 하는 것에 대해 병적으로 두려움을 느끼는 경향이 있다. 실패에 대한 두려움을 수용하고 대응하기 위해서는 프로그램을 통해서 자신감을 갖도록 격려하고 모르거나 오류가 생기는 일은 재앙이나 재난이 아니라 배울 수 있고 더 지혜롭게 될 수 있는 기회라는 것을 강조할 필요가 있다. 프로그램을 통해서 아동의 능력을 긍정적으로 강화하는 것이 중요하다.

프로그램을 시작할 때 진행자들은 진행자들 자신과 각 참가자를 집단에 소개해야 한다. 차례로 이야기하는 것, 요점을 벗어나지 않는 것, 그리고 정중하고 친절히 대하는 것과 같이 모든 잠재적인 문제를 예방하기 위해서 모두가 동의한 기본 규칙들을 만들어야 한다. 또한 진행자는 모든 참가자들을 위한 충분한 필기도구, 즉 연필과 지우개를 준비한다.

집단 회기 동안 아동은 뛰어난 통찰력을 보이거나 주제에 매우 적합한 표현을 하는 등 놀라운 능력을 보이기도 한다. 이것들을 '지혜의 말'이라고 부르기로 한다. 생각하지 못한 재미있는 순간도 있을 수 있다. 각 집단 회기 동안 진행자 중 한 사람은 '지혜의 말'이나 재미있는 언급, 참가자들이 찾은 요점을 모두 기록한다. 기록된 자료들은 다음 회기의 시작에 유인물로 만들어 제공하고 함께 이야기 나눈다.

각 집단 회기 후 부모와 함께하는 시간

프로그램은 각 회기를 마친 후 대개는 30분 동안 집단 참가자들의 부모님과 함께 하는 시간을 갖는다. 부모 모임의 목적은 자녀들이 활동하는 동안 보인 반응들과 그들의 능력들에 대한 정보 교환의 시간을 갖고 과제에 대해 설명을 듣고 이후 회기에서 다루게 되는 주제에 대한 구체적인 정보를 얻기 위함이다. 참가자들이 보이는 새로운 능력과 애착에 대한 이해에 대해 가족 구성원들이 긍정적이고 적절하게 반응하도록 지원해주는 것과 프로그램 중 배운 전략을 일상생활에서도 성공적으로 적용할 수 있도록 하는 것이 중요하다. 일반적으로 ASD인의 가족 구성원은 애착 소통에 어려움을 겪을 수 있다. 이 시간 동안 다른 부모들과 함께 이야기를 나누면서 가족의 문제에 대한 해결책을 서로 지원할 수 있다.

첫 번째 회기에서는 각 부모에게 자녀의 나이와 성격 특성, 집단 활동에서의 가장 중요한 목표를 간단히 언급해 달라고 부탁한다. 이러한 방식으로 문제들과 목표들을 나눔으로써 부모들은 자신의 문제가 특별하지 않다는 것을 발견하게 되어 소외감을 덜 느낄 수 있다. 집단 운영자 한 명이 구체적으로 메모를 하는 것이 중요하다. 집단 밖에서도 연락하기 위해 이메일 주소를 교환하는 것도 좋다. 부모 모임 시간의 주 활동은 집단 프로그램 시간 동안 보인 각 아동에 대한 정보와 아동들이 배운 수업 내용을 공유하는 것이다. 모임의 마지막 5분간은 주간 과제를 나누고 부모들이 자녀가 과제를 완성할 수 있도록 격려한다.

회기 구성 07

다음은 각 회기별 활동 내용이며 8장에서 더 구체적으로 설명할 것이다.

1회기 : 프로그램의 도입–애착 감정 탐색하기

초기 평가 실시 : '세 가지 이야기'(부록 1 참조)

1. 좋아하는 활동과 경험
2. 좋아하는 사람, 사랑하는 사람
3. 사람들은 호감 또는 사랑을 어떻게 표현할까요?
4. 다른 사람에게 호감 또는 사랑을 받을 때 나의 감정, 생각, 행동은 어떨까요?
5. 호감 또는 사랑을 받지 못한다면 어떨까요?
6. 호감 또는 사랑을 받는 것의 좋지 않은 점은 무엇일까요?
7. 과제 : 애착 표현 사진 모으기
8. 과제 : 가족애

9. 과제 : 상황 이야기

2회기 : 애착 인식하기 & 애착 표현하기

1회기 돌아보기

1. 상황 이야기 : 타인에 대한 호감과 사랑이 나의 감정, 생각, 능력에 미치는 영향
2. '호감에서 사랑까지' 사진 탐색하기 : 감정 온도계 활동
3. 좋아하는 사람에게 어떤 말과 행동을 할 수 있을까요?
4. 사랑하는 사람에게 어떤 말과 행동을 할 수 있을까요?
5. 과제 : 가족에게 사랑 표현하기

3회기 : 칭찬 주고받기

2회기 돌아보기

1. 2회기 과제 점검하기
2. 칭찬은 왜 할까요?
3. 특정 대상 칭찬하기
4. 다양한 칭찬 표현 알기
5. 칭찬은 얼마나 자주 해야 할까요?
6. 칭찬에 어떻게 반응해야 할까요?
7. 칭찬 주고받는 것 연습하기
8. 칭찬이 당황스러울 수 있을까요?
9. 과제 : '칭찬 일기' 쓰기

4회기 : 호감과 사랑을 표현하는 이유 알아보기

3회기 돌아보기

1. '칭찬 일기' 점검하기
2. 애착 표현은 왜 할까요?
3. 아무도 나에게 애착 표현을 하지 않는다면 나는 어떨까요?
4. 친구들에게 애착 표현을 하지 않는다면 내 친구들은 어떨까요?
5. 충분한 애착 표현을 받지 못했다면, 기분을 어떻게 좋아지게 할 수 있을까요?
6. 지금 내 기분은 어떨까요?
7. 과제 : '애착 일지' 작성하기

5회기 : 애착 표현 기술 개발하기

4회기 돌아보기

1. '애착 일지' 점검하기
2. 상황에 따른 다양한 애착 표현 알기
3. 애착 표현을 필요로 한다는 것을 어떻게 알 수 있을까요?
4. 애착 표현이 과했다는 것을 어떻게 알 수 있을까요?
5. 애착 표현이 부족했다는 것을 어떻게 알 수 있을까요?
6. 핵심 애착 표현 세 가지
7. 프로그램 종료 후 재평가하기
8. 서로에게 애착 표현하기
9. 수료증 수여식

프로그램 개요

08

1회기 : 프로그램의 도입-애착 감정 탐색하기

초기 평가 실시 : '세 가지 이야기'

회기 시작에 앞서 부록 2의 '애착 질문지'와 애착 평가(부록 1의 '세 가지 이야기')를 아동과 부모에게 각각 실시한다. 평가를 통해 얻게 되는 정보는 프로그램이 진행되면서 언급될 구체적인 상황들을 결정하는 데 유용하게 사용된다. 진행자들은 1회기 시작 전에 아동에 대한 평가 정보를 면밀히 점검한 후 토의하도록 한다. 진행자는 1회기에서는 온도계를 그릴 큰 종이와 구체적인 활동이나 경험, 사람의 이름을 적을 작은 메모지를 준비하여 각 아동에게 나누어준다.

집단 형태로 프로그램을 진행한다면, 참가자들의 수와 활동의 유형을 고려하여 교실의 크기가 충분히 넓은지를 확인하는 것이 중요하다. 교실에는 참가자의 중요한 아이디어나 지혜의 말을 기록할 칠판 또는 벽에 붙인 흰 종이가 있어야 한다. 회기 내에서 나오는 지혜의 말이나 아동들의 아이디어는 모두 기록하여 유인물로 만들어 다음 회기에 모든 참가자들에게 나누어주고 함께 이야기한다.

1회기는 진행자들과 참가들에 대한 소개와 연습문제지, 연필, 지우개 등 재료들을 나눠주는 것으로 시작한다.

기본 규칙을 만들고 모두가 함께 지킬 것임에 대해 동의를 구한다. 1회기에서 세워진 기본 규칙들은 다음 회기에 각 참가자들에게 유인물로 만들어 나눠준다.

1. 좋아하는 활동과 경험

이 활동의 목적은 아동이 좋아하는 최대 열 가지 활동이나 경험들을 알아보고 좋아하는 정도를 1부터 100의 척도로 측정하기 위한 것이다. 감정의 정도를 측정할 수 있는 온도계의 개념에 대해 설명한다. 집단 토의 또는 부모와의 토의를 통해서 아동은 동일한 경험이 사람들에 따라서 매우 비슷하거나 매우 다르게 평가될 수 있다는 것을 탐색할 수 있게 된다. 만약 아동이 자신만의 특별한 관심사를 좋아하는 활동이나 경험에 기록했다면, 그 관심사에 대한 아동의 선호 정도를 알 수 있게 되는 중요한 기회가 된다. 프로그램의 적극적인 참여를 위해 진행자는 아동이 혼자 있을 수 있는 시간 주기, 퀴즈 만점 주기, 혹은 숙제 감면 등 아동이 원하는 것을 상으로 준다.

2. 좋아하는 사람, 사랑하는 사람

1번의 활동과 유사한 활동으로 이번에는 아동에게 자신이 좋아하거나 사랑하는 10명의 사람을 정하게 한다. 이 사람들은 가족이거나 친구가 될 수 있고, 현실적으로 존재하는 사람일 수도 있으나 허구적 인물이 될 수도 있다. 온도계의 1부터 50까지의 척도는 누군가에 대하 호감 정도를 측정하는 것이고 51부터 100은 사랑의 깊이를 측정한다. 호감과 사랑의 차이와 그 이유에 대해 초점을 맞춰 토의한다. 진행자는 아동이 정한 10명의 사람들이 온도계의 다양한 레벨을 보여주도록 확실해야 할 필요가 있을 수도 있다. ASD 아동은 좋아하는 것과 사랑하는 것이 '~이거나/또는'의 이분법이 아니라는 것과 그들이 좋아하거나 사랑하는 사람들은 굳이 좁은 범위의 고마움에만 제한된 것이 아니라는 것을 이해할 수 있도록 지도해야 한다. 애완동물을 목록에 포함할지 여부에 대해 토론할 수도 있다. ASD 아동과의 임상 경험에 따르면 애완동물에 대한 애착의 정도를 사람과 비교해서 탐구하는 것도 흥미로울 수 있다.

3. 사람들은 호감 또는 사랑을 어떻게 표현할까요?

일반아동에게는 쉬운 활동일 수 있지만 ASD 아동에게는 다른 사람들이 아동을 좋아하거나 사랑하는 것을 어떻게 표현하는지 알아내는 것은 어려운 일일 수 있다. 친구들 간의 애착을 표현하는 방법이 가족 간 표현 방법과는 다르다는 것을 이해할 수 있도록 친구와 가족들의 애착 표현의 예를 들어 알아본다. 첫 번째 단계는 아동이 생각하는 것을 이야기하게 한다. 그다음에 진행자들은 아동이 실제로 그렇게 하는지 혹은 보다 넓은 표현의 범위를 인지할 수 있는지를 알아보기 위하여 진행자의 생각을 이야기한다. 이 활동 역시 다른 가족 구성원들과의 차후 모임에서 아동이 어떤 표현들을 인지하거나 기억하지 못하는지에 대해 이야기한다. ASD 아동들은 선물을 받는 것이나 원하는 게임을 하는 것과 같은 실질적인 것들을 애착의 표현이라고 인지하지만 포옹이나 가족이 사랑한다고 말해주는 등의 애정 어린 말이나 몸짓을 호감이나 사랑의 표현이라고 인지하지 못할 수 있다. 가족 안에서 사용되는 애정이 담긴 특별한 말을 찾아보고 정의하는 것은 중요한 활동이다.

4. 다른 사람에게 호감 또는 사랑을 받을 때 나의 감정, 생각, 행동은 어떨까요?

이 활동은 애착이 감정과 생각, 능력에 어떻게 긍정적으로 영향을 주는지를 탐색하는 것이다. 이 활동과 다음 활동(활동 5)을 하면서 얻게 되는 정보는 다음 회기에서 상황이야기를 만들 때 사용하게 된다. 집단 형태로 진행하게 되면 기본적으로 집단 내의 모든 구성원이 참여하는 토의 형식으로 진행한다. 애착이 어떻게 불안해하는 사람을 안정시키는 데 도움을 줄 수 있는지, 재충전을 도와주는지, 자신감을 세워주는지, 슬퍼하는 사람에게 낙관적인 생각을 불어넣어 주는지, 그리고 친구들과 가족들의 감정을 빠르고, 쉽고, 간편하게 회복시켜주는지 등 중요한 애착의 측면들을 탐구할 수 있을 것이다.

5. 호감 또는 사랑을 받지 못한다면 어떨까요?

이번 활동은 활동 4에 설명된 것과는 반대로 애착의 부재나 결핍이 다른 사람들의 생각과 감정에 어떤 영향을 주는지에 대해 초점을 맞춘다. 예로는 불안감을 느끼는 것, 에너지의 부족, 낮은 자신감, 비관하고 슬퍼하는 것이 있다.

6. 호감 또는 사랑을 받는 것의 좋지 않은 점은 무엇일까요?

이 활동은 호감 또는 사랑을 받는 것에 대해서 좋지 않은 점이 무엇인지 알아보는 것이다. 그 예로는 연약함을 느끼는 것, 좋아하는 사람에게 실망하게 되는 것, 누군가가 옆에 있다가 없어져 슬픈 마음이 드는 것, 친구가 지나치게 함께하기를 바라거나 원하지 않는 큰 모임에 함께 참여하기를 원하는 경우, 혼자 있고 싶어질 때 등이 될 수 있다. 또한 감각 민감성, 누군가를 걱정하는 것, 친척(조부모와 같은)이 돌아가셨을 때의 슬픔 등에 대해서 연계하여 이야기할 수 있다.

7. 과제 : 애착 표현 사진 모으기

아동에게 애착을 표현하는 사람들의 사진을 모아오게 한다. 모아온 사진들은 2회기에서 사용하게 된다. 사진 자료는 가족들이 애착을 표현하는 가족사진의 복사본이나 여성이나 가족들을 위한 잡지, 청소년들을 위한 가십 잡지, 인터넷 클립아트 등에서 찾을 수 있다.

8. 과제 : 가족애

아동에게 애착 표현이 예상되지만 어려움을 겪는 상황들을 생각해보도록 한다. 주요 초점은 가족들 안에서 일어나는 상황들이지만 진행자는 이번 과제에 친구들과의 상황을 포함하여 활동할지에 대해 결정한다. 이번 활동은 친가족 중심을 기본 초점으로 하여 아동이 부모 중 한 명과 함께 활동한다. 하지만 방계가족이나 선생님, 친구들, 반 학생들 등 아동의 삶에 중요한 사람들로 확장하여 생각해볼 수 있다. 이 과제를 통해 얻게 되는 정보는 다음 활동에서 활용될 것이다.

9. 과제 : 상황 이야기

회기들 사이에, 진행자는 1회기의 활동 4와 활동 5에서 나온 자료로 상황 이야기를 작성한다. 상황 이야기는 캐롤 그레이(추천자료 참조)가 개발한 것이다. 상황 이야기는 구체적으로 규정된 스타일과 형태의 사회적 신호, 관점, 그리고 일반적인 반응과 그와 관련된 상황, 기술이나 개념을 설명한다. 이는 아스퍼거 아동이 쉽게 이해할 수 있는 안정적이고 유익한 방식으로 정확한 사회적, 감정적 정보를 설명하기 위한 방법이다. 캐롤 그레이는 교육하고 지시하는 방식보다는 문자적으로 설명하고 묘사하는 방식으로 상황 이야기만의 방법을 발전시켜 가고 있다. 보다 많은 정보는 www.thegraycenter.org에서 얻을 수 있다.

집단 형태로 프로그램이 진행된다면, 1회기가 끝나면 바로 부모님들과 모여 아동들과 각 활동에 대한 아동들의 반응에 대해 이야기하는 시간을 갖는다. 소중한 정보와 실제 상황에서의 애착 의사소통을 개선할 수 있는 기회의 시간이기 때문에 매주 과제를 꼭 하도록 과제의 중요성을 강조하는 것이 필요하다.

2회기 : 애착 인식하기 & 애착 표현하기

1회기 돌아보기

기본 규칙을 확인한 후, 2회기는 참가자들이나 아동에게 나눠준 유인물에 기록되어 있는 핵심 요점들과 지혜의 말을 복습하는 것으로 시작한다. 즉석 퀴즈는 아동이 누구를 좋아하거나 사랑하는지, 얼마나 많이 좋아하는지 등을 상기시키고 온도계를 사용해서 0부터 100의 척도로 측정하여 설명한다.

1. 상황 이야기 : 타인에 대한 호감과 사랑이 나의 감정, 생각, 능력에 미치는 영향

프로그램의 진행자는 지난 회기에 나누었던 누군가에 대한 호감이나 사랑이 감정과 생각, 행동에 어떤 영향을 끼치는지에 대하여 아동의 의견으로 만든 상황 이야기를 큰 소리로 읽는다.

2. '호감에서 사랑까지' 사진 탐색하기 : 감정 온도계 활동

1회기의 첫 번째 과제는 호감과 사랑의 다양한 정도를 보여주는 그림이나 사진을 모으는 것이다. 큰 종이를 바닥에 두고 온도계를 그린다. 아동이 가져온 그림의 애착 수준을 잘 생각하여 온도계의 적절한 자리에 배치한다. 만약 애착 정도에 의견이 상충하는 부분이나 일반적이지 않은 평가가 있다면 토의와 설명을 통해 조정한다. 다양한 문화와 가족들 간의 차이를 인정하고 수용하는 것이 중요하다.

호감을 갖는 것부터 사랑하는 것까지의 다양한 애착 정도를 설명하는 말과 표정을 배우는 것은 활동의 한 부분이다. 참가자들의 어휘력을 개선하기 위해서 인지적 애착 표현 훈련 키트나 CAT-키트(추천자료 참조)를 추가로 사용할 수 있다.

3. 좋아하는 사람에게 어떤 말과 행동을 할 수 있을까요?

참가자들은 집단 형태의 활동을 위해서 둘씩 짝을 짓는다. 아동이 1명인 경우 부모나 교사와 짝을 이룬다. 두 사람 중 한 사람이 누군가를 좋아하는 것을 보여주기 위해 할 수 있는 행동이나 말의 몸짓과 언급의 목록을 작성한다. 아동은 각 몸짓이나 말이 나타내는 좋아함의 정도를 1부터 50의 척도로 표시한다. 집단 상황에서는, 나머지 사람이 반응과 평가들을 기록한다. 적어도 다섯 가지 예시를 목록에 적고 난 후 역할을 바꾼다.

목록이 완성되면, 활동과 인사말을 토의하고 아동이 어떤 사람을 좋아할 때 사용할 수 있는 새로운 표현을 배울 기회를 제공한다.

추가 활동으로는 동물들, 특히 애완동물이 누군가를 좋아하는 것을 어떻게 표현하는지를 탐구할 수 있다.

4. 사랑하는 사람에게 어떤 말과 행동을 할 수 있을까요?

이번 활동은 활동 3에 이어 사랑의 감정을 51부터 100으로 측정한다.

진행자들은 특정한 행동으로 표현할 수 있는 애착의 다양한 정도와 행동의 질, 강도와 지속시간에 대해 이야기한다. 예를 들어 아동은 어휘가 한정되어 있어 다양한 애착의 표현을 포옹이라는 한 가지 단어로 모두 적용할 수도 있다. 다양한 유형의 포옹을 이해할 수 있도록 역할극 활동을 하거나 1부터 10까지의 절댓값을 사용해서 주고받은 애착의 정도를 나타낼 수도 있다. 또한 멀리 떨어져 있는 가족을 반기는 것에서부터 부모에게 사랑한다는 표현을 하기 위한 다양한 입맞춤의 표현 유형이나 정도에 대해 이야기를 나눈다. 인지적 애착 표현 훈련 키트나 CAT-키트(추천자료 참조)는 추가적으로 사용할 수 있으며, 이 자료는 문화적 관습이나 가족 내 양식에 따라 입맞춤의 적절한 신체적 부분이 다를 수 있음을 설명하는 데 도움이 될 수 있다.

집단 : 1회기 과제에 대한 피드백

이번에는, 참가자들이 1회기 과제에서 배운 것들을 집단에서 함께 나눈다. 각자 특정 가족 구성원이 애착 표현을 기대하는 상황을 설명하고 그 상황에서 언제, 어떠한 정도로 애착 표현을 하는 것이 좋은지 의견을 나눈다. 참가자들은 나눠준 유인물에 의견들을 적는다.

5. 과제 : 가족에게 사랑 표현하기

2회기의 과제는 아동이 이번 시간에 배운 애착 표현에 대한 다양한 아이디어를 사용해서 가족 중 한 사람에게 애착을 표현하는 것이다. 과제를 수행한 후 3회기에서는 아동이 어떤 말과 행동을 하였는지, 가족의 반응과 느낌은 어떠하였는지 이야기를 나눌 것이다. 가능하다면 가족 외에 주변 어른이나 친구, 같은 반 학생들에게 애착 표현하기 등으로 확장하도록 한다.

3회기 : 칭찬 주고받기

2회기 돌아보기

3회기는 이전 회기에서 배운 것들을 돌아보는 것으로 시작한다. 2회기의 핵심 요점과 지혜의 말을 점검한다.

1. 2회기 과제 점검하기

첫 번째 활동으로 과제를 점검하는 것이며, 아동은 가족 안에서나 친구 사이에서 애착 표현이 기대되는 상황들을 이야기한다. 아동은 (애착 표현을) 받는 사람, 애착 표현의 유형, 그리고 다른 사람들의 반응과 애착을 표현할 때 상대방의 느낌에 대해 발표한다. 진행자들은 애착 표현을 하는 사람과 애착을 받는 사람들 모두 긍정적인 상황임을 강조한다.

3회기의 주요 주제는 칭찬 또는 친근감의 표현을 주고받는 것이다.

2. 칭찬은 왜 할까요?

이번 활동은 아동이 가족이나 친구에게 칭찬할 때 들 수 있는 생각과 감정들에 대해 알아보는 것이다. 진행자는 칭찬은 다음의 다섯 가지 생각과 감정들의 범주로 나눌 수 있음을 설명한다.

- 감탄/존경
- 안심/확신
- 우정
- 격려
- 호감 또는 사랑

3. 특정 대상 칭찬하기

첫 번째 활동에서, 아동은 한 친구를 선택하여 위에 설명된 다섯 가지 생각과 감정들의 범주 중 하나씩 표현한다. 그다음에 아동은 가족에게 동일한 다섯 가지 범주 중에서 네 가지를 가지고 칭찬을 만들어본다(예를 들어 '우정'은 가족들에게 제외한다).

4. 다양한 칭찬 표현 알기

아동은 한 사람의 특성이 적절하게 나타날 수 있도록 칭찬을 어떻게 표현해야 하는지에 대해 자세한 설명이 필요할 수 있다. 이번 활동은 누군가의 능력, 외모나 성격을 표현할 수 있는 칭찬의 다양한 유형을 이해할 수 있도록 구성하였다. 아동은 친구나 가족 구성원의 특성을 이해하여 그 특성을 칭찬하도록 한다.

5. 칭찬은 얼마나 자주 해야 할까요?

이 프로그램의 도입부에서 설명한 대로 ASD 아동, 그리고 때로 성인은 친구나 가족 구성원이 기대하고 생각하는 것만큼 자주 애착을 표현하지 못할 수 있다. 누군가에게 칭찬을 하거나 친근감을 표현한다는 것은 애착을 표현하는 것이다. 진행자는 칭찬은 누군가를 좋아하거나 사랑한다면 자주 표현해야 하는 것이며 친구나 가족에게 수시로 표현해야 한다는 점을 설명해줄 필요가 있다.

6. 칭찬에 어떻게 반응해야 할까요?

이번 활동은 칭찬에 어떻게 반응하는지에 대한 지침을 제공하고 토론하는 것으로 구성되었다. 주로 예상된 두 가지의 반응은 감사를 표하는 것과 공감하는 것이다.

7. 칭찬 주고받는 것 연습하기

이번 활동은 둘씩 짝을 이뤄 칭찬을 주고받는 것을 연습하는 것이며 인사말을 하는 사람과 받는 사람의 감정을 생각해보고 이야기한다. 매우 즐거운 활동이 될 수 있다.

8. 칭찬이 당황스러울 수 있을까요?

ASD 아동들은 칭찬을 주고받는 사회적 대화에서 일반아동들만큼 인식하지 못하거나 진실이지만 받아들이기에는 당황스러울 수 있는 칭찬을 할 수 있다. 이 활동은 같은 반 학생들이나 친구, 가족에게 당혹스러울 수 있는 인사말의 유형들을 알아보는 것이다. 진행자는 왜 어떤 칭찬들은 당혹스럽게 받아들여질 수 있는지와 어떻게 그 신호를 인지할 수 있는지에 대해 참가자들과 함께 토의한다. 이번 활동은 특별히 우정 이상의 관계를 요구하는 청소년들에게 중요하다. 아동이 언어적 · 비언어적인 당혹감의 신호를 이해할 수 있도록 역할극과 DVD(마음 읽기 : 감정에 대한 상호작용 가이드, 추천 자료 참고) 같은 자료들을 활용한다.

9. 과제 : '칭찬 일기' 쓰기

3회기의 과제는 아동이 매일 주고받는 칭찬을 기록하는 '칭찬 일기'를 작성하는 것이다.

4회기 : 호감과 사랑을 표현하는 이유 알아보기

3회기 돌아보기

다른 회기와 마찬가지로 3회기의 요점과 지혜의 말을 돌아보는 것으로 시작한다.

1. '칭찬 일기' 점검하기

참가자들이 한 주간 작성한 '칭찬 일기'를 점검한 후 칭찬을 주고받는 사람의 감정, 칭찬 이후 우정이나 관계에 미칠 영향에 대해 이야기를 나눈다.

2. 애착 표현은 왜 할까요?

앞선 3번의 회기들을 통해서 애착 표현에 대해 배운 내용을 상기하여 사람들은 왜 서로에게 애착 표현을 하는지에 대한 이유들을 살펴본다. 1회기에서 이미 언급된 이유들도 있겠지만 이번 단계에서 보다 자세하고 적절한 이유들이 나올 수 있다. 2개의 목록을 비교하여 새로 언급된 이유는 무엇인지, 보다 적절해진 반응은 어떤 것이 있는지 확인한다.

3. 아무도 나에게 애착 표현을 하지 않는다면 나는 어떨까요?

이 활동은 아동이 누군가로부터 좋아하거나 사랑을 받은 경험이 없다면 어떻게 느낄지를 알아보는 것이다.

이 반응들은 다음 활동에 연결하여 친구나 사랑하는 사람이 애착 표현을 하였는데 아동이 그에 대하여 반응하지 않는 상황과 함께 연결하여 이야기하게 될 것이다.

4. 친구들에게 애착 표현을 하지 않는다면 내 친구들은 어떨까요?

가족 구성원이 어떻게 느낄지에 대해 탐색할 수도 있지만, 일차적으로는 친구와의 애착이 주는 혜택에 대한 주제를 중점으로 이야기한다. 애착 표현의 경험이 없을 때 우정(혹은 가족애)을 회복시키는 전략에 대해서도 함께 이야기한다.

5. 충분한 애착 표현을 받지 못했다면, 기분을 어떻게 좋아지게 할 수 있을까요?

이번 활동은 자신이 애착 표현을 충분히 받지 못했다고 생각할 수도 있는 아동을 위한 것이다. 때로는 ASD 아동의 부모도 애착 표현에 어려움을 가지고 있을 수 있다. 이 활동에 함께 참여하여 자신을 격려하는 전략을 나누고 탐색하여 다른 사람이나 동물로부터 보상적인 애정을 얻는 기회로 삼을 수 있다. 이 활동은 프로그램이 집단으로 이루어질 때 다른 아동의 부모를 만날 때나 배우자나 가족들과 회기를 논의할 때 토론의 핵심 내용이 될 수 있다.

6. 지금 내 기분은 어떨까요?

이 질문은 아동의 즐거움의 깊이나 특정한 애착 표현에 대한 반응으로 경험한 즐거움이나 불편을 알아보기 위한 것이다. 다양한 경험에서 나오는 각기 다른 개인의 반응에 대해 함께 이야기를 나눈다.

7. 과제 : '애착 일지' 작성하기

아동은 여섯 가지의 매우 구체적인 애착 표현을 기록한 일지를 작성한다. 이 과제는 적어도 하루에 두 번 애착의 각 유형을 표현하도록 격려하는 것이며, 이러한 애착 표현들의 예를 기록하는 것이다. 부모들은 아동이 매일 일지를 완성하도록 적극적으로 도와주어야 한다.

5회기 : 애착 표현 기술 개발하기

4회기 돌아보기

4회기에서의 핵심과 지혜의 말을 간단하게 돌아보는 것으로 시작한다. 5회기는 애착 표현과 연관된 감정을 회상하는 것이다. 아동이 만약 자신이 친구나 가족에게 애착 표현을 하지 않았을 때의 결과에 대해 토의를 한다.

1. '애착 일지' 점검하기

애착 일지에 기록된 내용과 경험들을 돌아보고 이에 대해 이야기한다.

2. 상황에 따른 다양한 애착 표현 알기

이번 활동은 특정한 상황에서의 구체적인 애착의 유형을 연결시키는 게임이다. 적절한 연결도 있지만 우체부에게 '사랑해요'라고 말하는 것이나 엄마가 울고 있을 때 악수를 청한다던가 하는 것과 같이 부적절한 연결도 제시한다. 그러한 경우에는 그 연결이 왜 부적절한지 그 이유에 대해서도 알아본다.

3. 애착 표현을 필요로 한다는 것을 어떻게 알 수 있을까요?

이번 활동은 특히나 미묘한 신호를 인식하는 것과 관련된 것으로 ASD 아동에게 매우 어려울 수 있다. 추가 활동들과 자료들이 사용될 수 있는데 진행자들은 역할 놀이(동영상 자료 재생)를 통해서 스트레스를 표현하고 있는 사람의 미묘한 신호를 보여주고 아동에게 애착 표현이 필요함을 나타내는 비언어적 단서가 무엇이고 만약 그 사람이 친구이거나 가족이면 적절한 반응이 어떤 것일지 물어본다. 필요하다면 마음읽기 : 감정에 대한 상호작용 가이드(추천 자료 참고)에서의 짧은 비디오 클립과 오디오 녹음장치를 사용함으로써 활동에 추가적으로 사용할 수 있다.

집단 형태에서는 아동이 짝을 이루어서 애착을 필요로 하는 누군가의 미묘한 신호를 표현하고 알아보는 것을 연습하는 역할극을 한다.

4. 애착 표현이 과했다는 것을 어떻게 알 수 있을까요?

아동은 지나친 애착 표현을 받은 누군가가 불편해한다거나 부끄러워하고 당황스러워하며 짜증이 났을 때의 비언어적인 신호를 읽는 것이 필요하다. 신호를 설명하기 위해서 역할극과 비디오 촬영을 사용할 수 있다.

5. 애착 표현이 부족했다는 것을 어떻게 알 수 있을까요?

이것은 미묘한 비언어적인 의사소통의 신호를 확인하기 위한 추가 활동이다. 역할극과 보충 자료를 사용할 수 있다.

6. 핵심 애착 표현 세 가지

이번 활동으로 중요한 새로운 지식을 공유할 수 있다.

7. 프로그램 종료 후 재평가하기

첫 번째 회기 평가에서도 사용된 '숲 속의 산책', '엄마의 눈물', 그리고 '슬퍼하는 친구'(부록 1 참조) 총 세 가지 이야기를 사용하여 애착에 대한 아동의 능력이나 지식의 변화를 평가한다. 프로그램의 시작과 끝 사이의 아동의 응답의 개수와 유형의 변화를 비교할 수 있다. 이 변화는 애착의 가치에 대한 아동의 이해가 증가했음을 확인할 수 있는 자료이다. 프로그램을 마친 후에 부모들 또한 세 가지의 애착 질문들을 완성하기를 바란다. 또한 아동은 프로그램의 어떤 부분이 특히 즐거웠는지, 유익했는지, 혹은 어려웠는지, 그리고 프로그램의 개선 방향 등에 대한 질문을 한다.

8. 서로에게 애착 표현하기

프로그램이 집단 형태로 이루어졌을 때에는 모든 참가자와 진행자에게 감사와 애착을 표현하는 마무리 활동을 한다.

9. 수료증 수여식

진행자들이 서명한 수료증을 아동들에게 수여한다.

제3부

회기

이 책의 모든 프로그램과 활동지는 개인적으로 사용하여 ✔을 표시할 수 있도록 복사하여 사용할 수 있다.

프로그램의 도입 :
애착 감정 탐색하기

Session 1

'부록 1'에 있는 '숲 속의 산책', '엄마의 눈물', '슬퍼하는 친구'를 읽고 관련 질문에 모두 응답하세요.

1. 좋아하는 활동과 경험

사람들은 좋아하는 활동과 경험이 있습니다. 좋아하는 활동과 경험을 열 가지 이상 생각해보고 아래의 빈칸에 적어보세요.

활동이나 경험	이 활동이나 경험을 얼마만큼 좋아합니까?

어떤 활동은 매우 많이 좋아하기도 하지만 또 다른 활동은 약간 관심이 있을 뿐이기도 합니다.

좋아하는 정도를 1에서 100까지 척도를 놓고 생각해보세요.

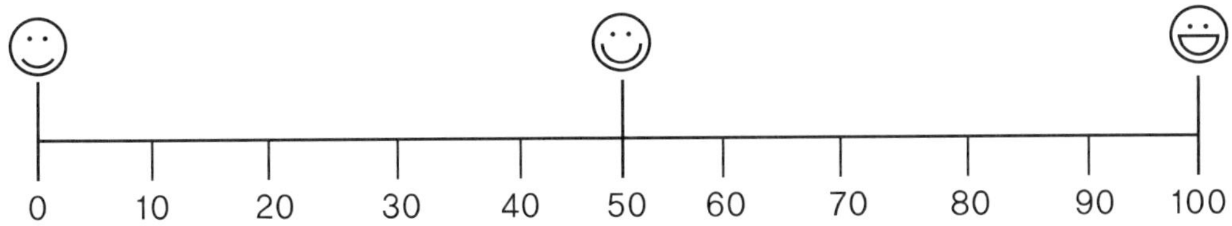

1~10 : 약간 좋아하는 정도

90~100 : 매우 많이 좋아하는 정도

각각의 활동이나 경험을 좋아하는 정도를 0부터 100 사이의 숫자로 표시해보세요.

좋아하는 정도에 따라 어떤 점수로도 표시할 수 있습니다.

점수를 선택하기 전에 잘 생각해보고 적절한 선호도를 표시해 보세요.

아동의 활동을 도와주는 부모/교사는 '포스트 잇'에 아동이 정한 각 활동과 경험을 적는다. 그리고 감정의 정도를 측정하여 표시할 0부터 100까지의 숫자가 적힌 감정 온도계를 그린다. 아동은 활동이나 경험의 좋아하는 정도를 잘 측정하여 그 온도계의 숫자 중 해당하는 위치에 활동명이 적힌 '포스트 잇'을 붙인다.

집단으로 구성하였다면, 각 아동의 온도계를 살펴보고 같은 행동이나 경험, 좋아하는 정도 등에 대해 확인한다.

2. 좋아하는 사람, 사랑하는 사람

좋아하는 사람 10명의 리스트를 작성해보세요. 그리고 아래의 '좋아하는 사람' 칸에 그 이름을 적으세요. 그 사람은 당신의 가족 중 한 사람일 수도 있고 좋아하는 영화 속의 영웅일 수도 있으며 TV 프로그램이나 책 속의 주인공이어도 됩니다.

좋아하는 사람	얼마만큼 좋아합니까?

어떤 사람은 매우 많이 좋아하거나 사랑하기도 하며 또 어떤 사람은 조금 좋아할 수도 있습니다.

1부터 100까지의 온도로 상상해보세요.

1~10 조금 호감이 있는 정도

90~100 매우 많이 사랑함

활동이나 경험을 적은 온도계에 나란히 당신이 그 사람을 얼마나 좋아하거나 사랑하는지를 나타내기 위해 1부터 100까지 숫자를 쓰세요.

1부터 100까지의 수 중 당신이 그 사람을 얼마만큼 좋아하거나 사랑하는지 그 정도에 따라 알맞은 숫자를 선택하면 됩니다.

1부터 50까지는 누군가를 좋아하는 정도를 표시할 때 사용하게 되며 51부터 100까지는 사랑의 감정을 측정하는 것입니다.

점수를 선택하기 전에 신중하게 생각하세요.

아동의 활동을 도와주는 부모/교사는 '포스트 잇'에 아동이 정한 사람들의 이름을 적는다. 그리고 감정의 정도를 측정하여 표시할 1부터 100까지의 숫자가 적힌 감정 온도계를 그린다. 아동은 자신이 좋아하는 정도를 신중하게 생각하여 온도계의 숫자 중 해당하는 위치에 좋아하는 사람 또는 사랑하는 사람의 이름이 적힌 '포스트 잇'을 붙이도록 한다.

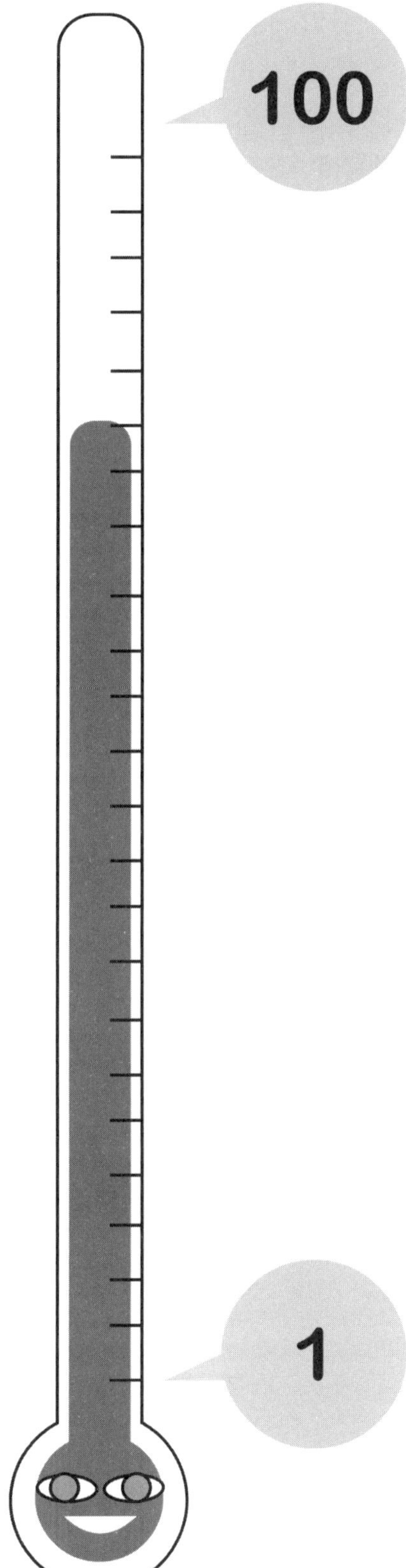

3. 사람들은 호감 또는 사랑을 어떻게 표현할까요?

당신에게 호감이 있거나 당신을 사랑하는 사람들이 당신을 얼마나 좋아하는지 보여주기 위해 하는 행동들을 생각나는 대로 모두 적어보세요.

4. 다른 사람에게 호감 또는 사랑을 받을 때 나의 감정, 생각, 행동은 어떨까요?

호감이나 사랑을 받을 때 좋은 점에 대해 적어보세요.
그때의 기분이나 생각, 행동은 어떨까요?

예를 들면,
누군가가 나에게 호감이나 사랑을 표현한다면, 나는 … 느낌이 든다.

누군가가 나에게 호감이나 사랑을 표현한다면, 나는 … 생각이 든다.

누군가가 나에게 호감이나 사랑을 표현한다면, 나는 … 할 수 있다.

5. 호감 또는 사랑을 받지 못한다면 어떨까요?

6. 호감 또는 사랑을 받는 것의 좋지 않은 점은 무엇일까요?

7. 과제 : 애착 표현 사진 모으기

사람들이 누군가를 사랑하거나 좋아하여 그 감정을 표현하는 것과 관련된 사진이나 그림을 가져오세요. 잡지나 컴퓨터 안의 클립아트, 인터넷 등에서 관련 그림을 찾을 수 있을 것입니다. 10~20장 정도의 사진을 모으세요. 그 사진들을 봉투에 잘 보관했다가 다음 회기에 가져오세요.

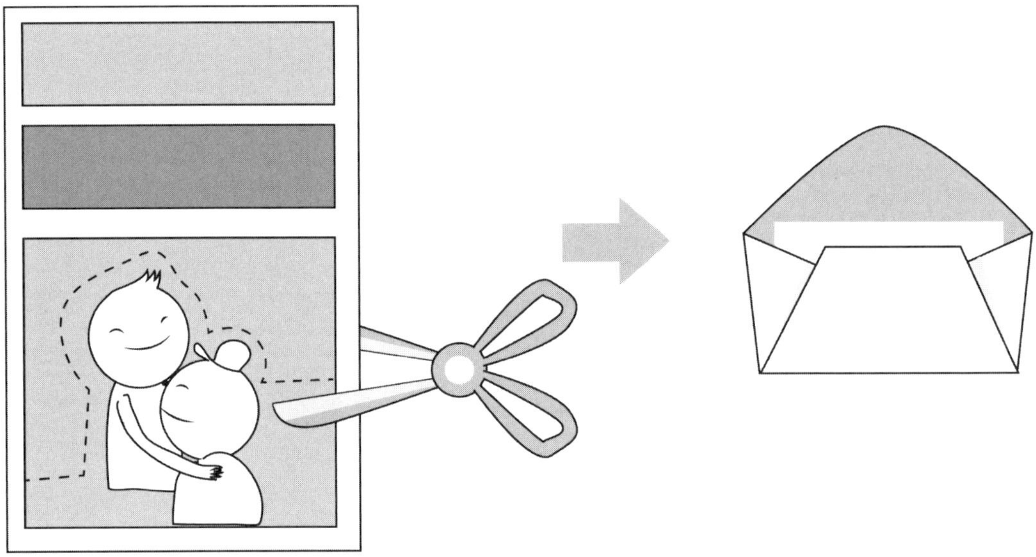

8. 과제 : 가족애

때로는 가족들에게 사랑한다는 감정을 표현하는 것이 어려울 수 있습니다. 가족들은 당신이 가족들에게 좋아하거나 사랑한다는 것을 표현해 주기를 기대하는 상황이지만 당신이 그것을 알아내기 어려운 상황에 대해 생각하여 적어보세요.

9. 과제 : 상황 이야기

이번 회기에서 배운 내용을 잘 생각하여 가족과 함께 좋아하거나 사랑하는 사람이 당신의 감정이나 생각, 능력에 어떻게 영향을 줄 수 있는지에 대한 상황 이야기를 만들어보세요.

애착 인식하기 & 애착 표현하기

Session 2

1회기 돌아보기

지난 회기에 우리는 매우 흥미 있는 주제에 대해 알아봤습니다. 내가 좋아하는 활동이나 경험에 대한 것, 좋아하는 사람들에 대해 알아봤고 어떻게 그 감정을 표현하는지에 대해 탐색해보았습니다. 지난 회기의 내용을 기억하여 다음의 질문에 답해보세요.

좋아하는 사람의 이름을 말해보세요. 얼마만큼 좋아하나요?(1~50)

____

____

사랑하는 사람의 이름을 말해보세요. 얼마만큼 사랑하나요?(50~100)

다른 사람들은 당신에게 사랑한다는 것을 어떻게 표현하나요?

다른 사람들이 당신에게 사랑을 표현하면 기분이 어떤가요?

지난 회기에서 배운 것 중 기억나는 것은 무엇인가요?

1. 상황 이야기 : 타인에 대한 호감과 사랑이 나의 감정, 생각, 능력에 미치는 영향

상황 이야기를 만들어보세요.

2. '호감에서 사랑까지' 사진 탐색하기 : 감정 온도계 활동

지난 한 주 동안 모은 애착과 관련된 사진을 모두 꺼내 놓습니다.

벽에는 1부터 100까지 적힌 온도계가 있습니다.

1~10 "나는 이 사람을 조금 좋아합니다."

50 이하 "나는 이 사람을 좋아합니다."

51 이상 "나는 이 사람을 사랑합니다."

90~100 "나는 이 사람을 굉장히 많이 사랑합니다."

사진들에는 얼마나 많이 좋아하는지 또는 사랑하는지를 표현하고 있는 모습들이 있습니다. 사진에 나타난 호감이나 사랑의 정도를 잘 생각한 후 온도계에 각각의 사진들을 적절히 놓습니다.

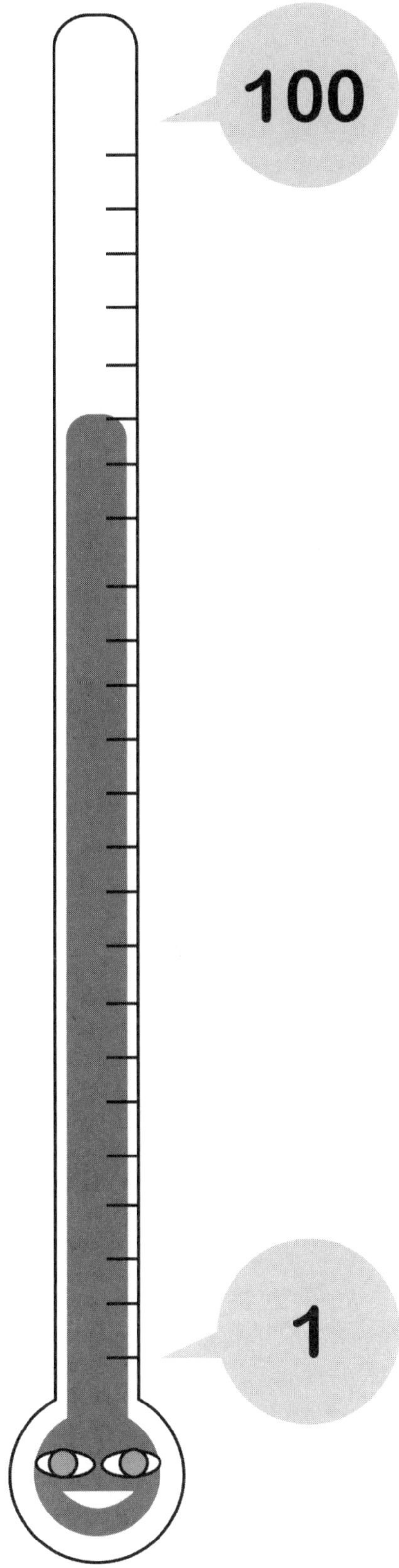

3. 좋아하는 사람에게 어떤 말과 행동을 할 수 있을까요?

부모님이나 주변의 사람들과 함께 좋아하는 사람에게 해야 할 말이나 해야 하는 행동에 대해 이야기해보세요. 1~50까지의 척도를 이용하여 각각의 행동이나 말에 해당하는 호감의 정도를 평가해보세요.

좋아하는 사람에게 할 수 있는 말과 행동	호감의 표현 정도 (1~50)

4. 사랑하는 사람에게 어떤 말과 행동을 할 수 있을까요?

부모님이나 주변의 사람들과 함께 사랑하는 사람에게 하는 말이나 해야 하는 행동에 대해 이야기해보세요. 51~100까지의 척도를 이용하여 각각의 행동이나 말에 해당하는 사랑함의 정도를 평가해보세요.

사랑하는 사람에게 할 수 있는 말과 행동	사랑함의 표현 정도 (50~100)

5. 과제 : 가족에게 사랑 표현하기

가족들에게 사랑한다고 표현하는 것이 다소 어색하고 쑥스러울 수 있습니다.

지난 회기에 가족들은 당신이 그들을 좋아하거나 사랑한다는 것을 표현하기를 기대하는 상황이지만 당신은 그것을 알아채기 어려운 상황에 대해 생각하여 과제를 했습니다.

어떤 상황이었나요?

____

____

____

____

____

____

이번 회기의 과제는 새로 알게 된 표현들을 활용하여 가족들에게 사랑을 표현하는 것입니다.

언제 애착 표현을 하겠습니까?

____

____

____

____

어떤 종류의 애착 표현을 하겠습니까?

____

____

____

____

Session 3 칭찬 주고받기

2회기 돌아보기

우리는 지금 애착에 대해 깊이 있게 알아보고 있습니다.

지난 시간에 우리는 감정 온도계에 좋아하는 정도의 점수를 측정하여 해당하는 숫자에 사진을 두는 활동을 했습니다.

좋아하는 사람에게 할 수 있는 말들에 대해서도 적어보았습니다. 그리고 각각의 행동이나 말이 얼마나 많이 좋아하는지를 나타내는 것에 대해서 알아보았습니다.

1. 2회기 과제 점검하기

가족들에게 사랑한다는 표현을 한다는 것이 다소 어색하고 쑥스러울 수 있습니다.

가족들은 당신이 그들을 좋아하거나 사랑한다는 것을 표현하기를 기대하는 상황이지만 당신은 그것을 알아채기 어려운 상황에 대해 생각해보세요.

가족 중 누구에게 애착 표현을 했나요?

____

____

어떤 상황이었나요?

____

____

지난 회기의 과제는 2회기에서 배운 표현을 사용하여 가족에게 애착 표현을 하는 것이었습니다.

언제 애착 표현을 했나요?

____

____

____

____

어떤 종류의 애착 표현이었나요?

____

____

____

____

당신이 애착 표현을 했을 때 가족은 어떤 말과 행동을 보였나요?

애착 표현을 했을 때 당신의 감정은 어땠나요?

2. 칭찬은 왜 할까요?

칭찬이나 친근한 말은 다른 사람에 대해 좋은 점을 말하는 것입니다. 칭찬이나 친근한 말은 다음의 감정이나 생각을 표현하는 것입니다.

- 감탄 또는 존경
- 안심 또는 확신
- 우정
- 격려
- 호감 또는 사랑

당신이 누군가를 칭찬한다는 것은 다음을 의미합니다.

우리가 ______________________________

____

____

____

3. 특정 대상 칭찬하기

친구에게 할 수 있는 칭찬/친근감의 표현을 적어보세요.

감탄/존경 ______________________________

____

안심/확신 ______________________________

____

우정 ______________________________

____

격려 ______________________________

____

호감 ______________________________

____

형제/자매에게 칭찬이나 친근한 표현을 적어보세요.

감탄/존경 ______________________________

____

안심/확신 ______________________________

____

격려 ______________________________

____

사랑 ______________________________

____

엄마나 아빠에게 칭찬이나 친근한 표현을 적어보세요.

감탄/존경 ______________________________

____

안심/확신 ______________________________

____

격려 ______________________________

____

사랑 ______________________________

____

4. 다양한 칭찬 표현 알기

사람들의 다음과 같은 점을 칭찬할 수 있습니다.

- 능력
- 외모
- 성격

친구에게 할 수 있는 칭찬을 적어보세요.

능력 ______________________________

____

외모 ______________________________

____

성격 ______________________________

____

엄마나 아빠에게 할 수 있는 칭찬을 적어보세요.

능력 ______________________________

____

외모 ______________________________

____

성격 ______________________________

____

5. 칭찬은 얼마나 자주 해야 할까요?

칭찬은 얼마나 자주 하면 좋을까요?

	하루 동안	일주일 동안
같은 반 학생들	______	______
친구	______	______
형제자매	______	______
부모님	______	______

6. 칭찬에 어떻게 반응해야 할까요?

칭찬이나 좋은 말을 듣는다면 어떻게 반응해야 할까요?

- 감사
- 동의

예를 들어 생각해보세요.

감사의 표현 ____

____

____

____

동의의 표현 ____

____

____

____

7. 칭찬 주고받는 것 연습하기

누군가의 능력이나 외모, 성격을 칭찬했다고 생각해보세요.

칭찬의 말을 하세요.
"너는 정말 똑똑해."

친구에게 칭찬의 말을 했을 때 그 친구는 어떤 감정이 들었을까요?

____

____

____

____

칭찬을 들은 친구가 고마움의 표현을 했다면, 당신은 어떤 감정이 들었을까요?

____

____

____

____

8. 칭찬이 당황스러울 수 있을까요?

때로는 칭찬이 사람들을 당황스럽게 만들기도 합니다. 칭찬이 사람들을 당황스럽게 만들 수 있는 이유에 대해 생각해보세요.

같은 반 학생들 ________________________________

____

____

친구 ________________________________

____

____

형제/자매 ______________________________

____

____

부모님 ______________________________

____

____

9. 과제 : '칭찬 일기' 쓰기

칭찬이나 좋은 말을 주고받은 일에 대해 매일 일기를 써보세요.

호감과 사랑을 표현하는 이유 알아보기

Session 4

3회기 돌아보기

지난 시간 우리는 칭찬을 주고받는 것에 대해 배웠습니다. 얼마나 기억하고 있는지 알아봅시다.

친구에게 어떤 칭찬을 할 수 있을까요?

____

____

엄마나 아빠께 어떤 칭찬을 할 수 있을까요?

____

____

지난 시간에 배운 것 중 기억나는 것은 무엇이 있나요?

1. '칭찬 일기' 점검하기

지난주 동안, 우리가 들은 칭찬에 대해 매일 일기를 썼습니다.

어떤 칭찬을 받았나요?

누가 칭찬을 했나요?

칭찬을 받았을 때 기분이 어땠나요?

어떤 칭찬을 했나요?

누구를 칭찬했나요?

칭찬을 했을 때 기분이 어땠나요?

2. 애착 표현은 왜 할까요?

가끔 우리는 애착 표현을 하는 이유를 알지 못할 수도 있습니다.

왜 사람들은 서로에게 애착 표현을 하는 것일까요? 많은 이유가 있습니다. 생각나는 이유를 자유롭게 이야기해보세요.

3. 아무도 나에게 애착 표현을 하지 않는다면 나는 어떨까요?

아래의 원에 자신의 얼굴을 그려보세요.

기분이 어떤가요?

무슨 말을 하고 있나요?

무엇을 하고 있나요?

4. 친구들에게 애착 표현을 하지 않는다면 내 친구들은 어떨까요?

아래의 원에 친구의 얼굴을 그려보세요.

친구의 기분은 어떨까요?

친구의 기분을 조금 더 좋아지게 하기 위해 무슨 말을 할 수 있을까요?

친구의 기분을 조금 더 좋아지게 하기 위해 어떤 행동을 할 수 있을까요?

5. 충분한 애착 표현을 받지 못했다면, 기분을 어떻게 좋아지게 할 수 있을까요?

기분을 보다 좋게 하는 방법에는 무엇이 있을까요?

6. 지금 내 기분은 어떨까요?

아래의 표에 자신의 기분에 해당하는 점수에 ○표 하세요.

(a) 엄마가 나의 뺨에 뽀뽀를 해주었어요.

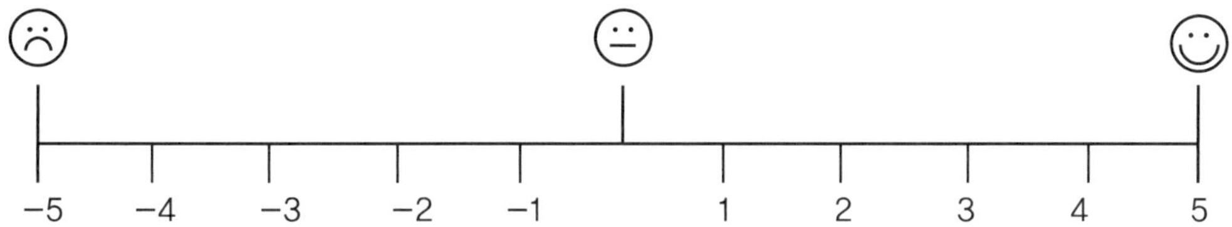

(b) 친구가 나에게 어깨동무를 했어요.

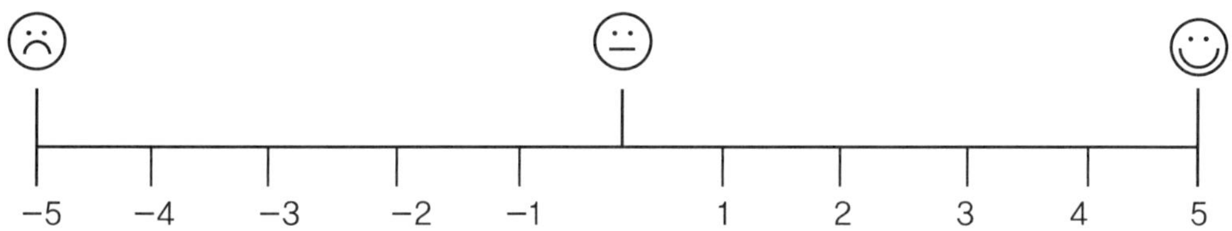

(c) 엄마와 아빠가 나에게 '사랑한다라'고 말씀하셨어요.

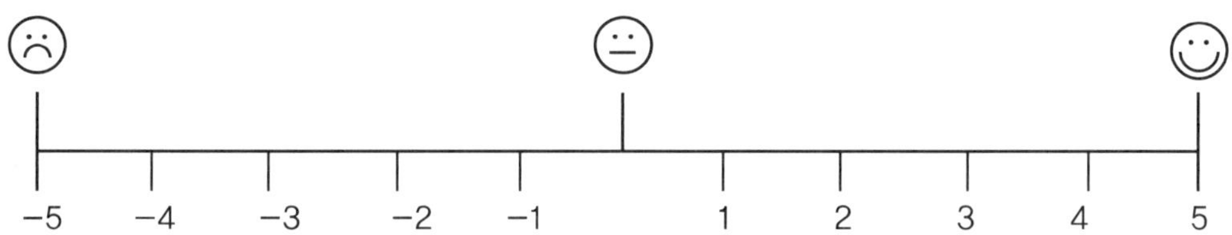

(d) 친구가 나에게 '잘했어'라고 말했어요.

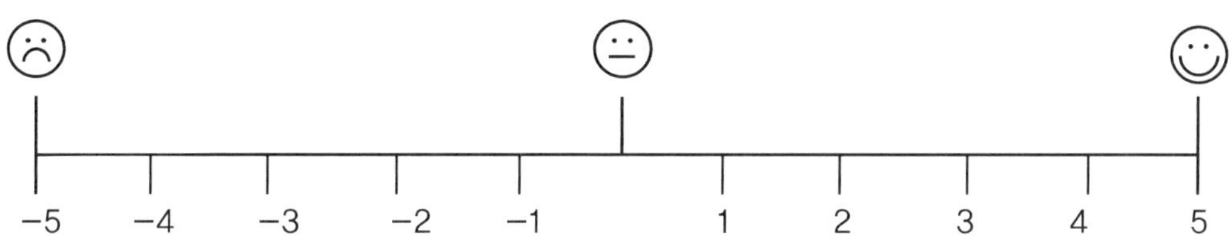

(e) 아빠가 안아주었어요.

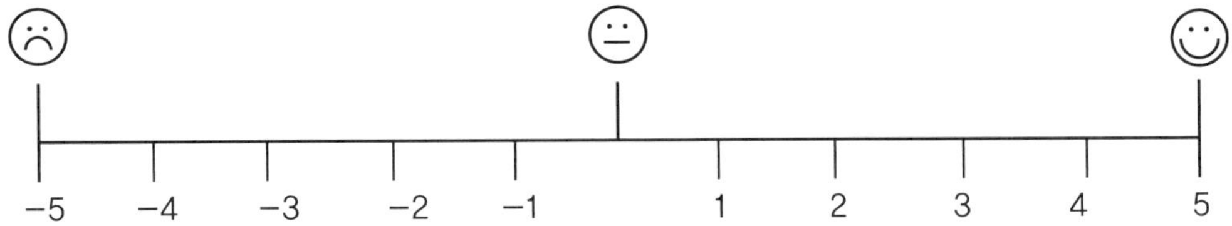

(f) 엄마가 '네 눈은 참 예쁘구나.'라고 하셨어요.

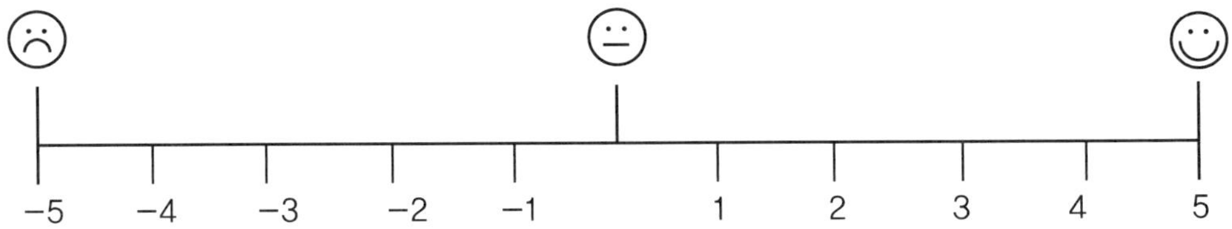

(g) 엄마가 나랑 손 잡기를 원하세요.

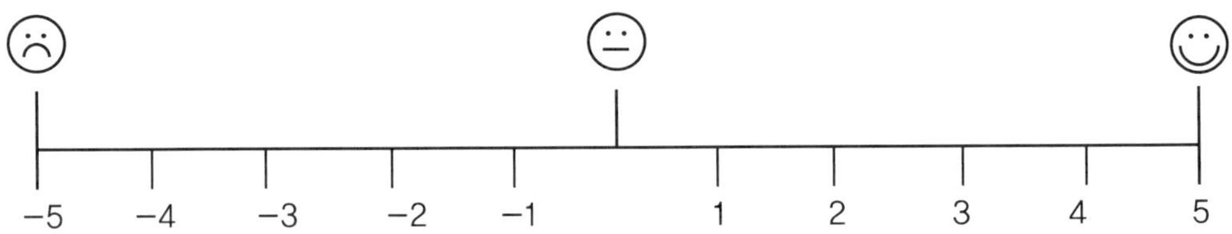

(h) 친구가 나에게 '너는 정말 최고의 친구야'라고 말했어요.

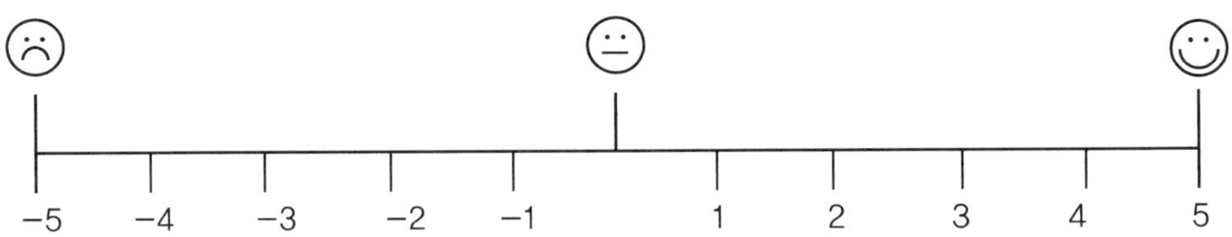

7. 과제 : '애착 일지' 작성하기

한 주간 가족들과 주고받는 애착의 유형을 기록하는 활동지를 나눠줄 것입니다. 한 주간 잘 실천하고 기록해 보세요.

✓

이름 : ____________________

표현한 애착 유형에 ✔표시 하세요. 적어도 하루에 2번 이상 다음의 애착 표현을 하는지 확인해보세요.

애정 표현의 유형	월요일	화요일	수요일	목요일	금요일	토요일	일요일
경청하기	□□□□	□□□□	□□□□	□□□□	□□□□	□□□□	□□□□
사람들과 즐거운 시간 함께 보내기	□□□□	□□□□	□□□□	□□□□	□□□□	□□□□	□□□□
사람들 돕기	□□□□	□□□□	□□□□	□□□□	□□□□	□□□□	□□□□
사랑한다고 말하기	□□□□	□□□□	□□□□	□□□□	□□□□	□□□□	□□□□
사람들에게 뽀뽀나 안아 주는 행동하기	□□□□	□□□□	□□□□	□□□□	□□□□	□□□□	□□□□
칭찬하기	□□□□	□□□□	□□□□	□□□□	□□□□	□□□□	□□□□

이름 : ____________________

아래의 빈칸에 당신이 받은 애착 표현의 횟수와 누구에게 받은 것인지를 간단하게 기록하세요.

애착 표현의 유형	월요일	화요일	수요일	목요일	금요일	토요일	일요일
경청하기							
사람들과 즐거운 시간 함께 보내기							
사람들 돕기							
사랑한다고 말하기							
사람들에게 뽀뽀나 안아 주는 행동하기							
칭찬하기							

애착 표현 기술 개발하기

Session 5

4회기 돌아보기

지난 시간 우리는 애착 표현의 말과 행동을 해야 하는 이유에 대해 알아보았습니다. 누군가가 당신에게 애착 표현을 했을 때 자신의 기분은 어땠는지 이야기해보세요.

친구 또는 가족이 당신에게 애착 표현을 하지 않는다면 기분이 어떨까요?

1. '애착 일지' 점검하기

애착 일지의 기록을 보고 이야기를 나눠보세요.

다음의 질문들에 대해 생각해보세요.

애착 표현하는 것이 즐거웠나요?

____

누구에게 어떤 유형의 애착 표현을 했나요?

____

____

애착 표현 받는 것이 즐거웠나요?

____

누구에게 어떤 유형의 애착 표현을 받았나요?

____

____

애착 표현을 지나치게 많이 하거나 지나치게 적게 하지는 않았나요?

____

____

어떻게 알 수 있었나요?

____

____

충분한 애착 표현을 받았나요?

____

주고받은 애착 표현 중 특별히 좋아하지 않았던 상황이 있었나요? 그 이유는 무엇인가요?

____

____

2. 상황에 따른 다양한 애착 표현 알기

짝 맞추기 게임

다음에는 다양한 상황과 다양한 유형의 애착 표현의 목록이 있습니다. 각각의 상황에 가장 적합한 애착 표현을 연결해보세요.

상황	애착 표현의 유형
부모님이 설거지를 하는 중 누군가와 통화를 해야 할 때	머리 쓰다듬기
부모님이 당신을 바라보며 미소 지으실 때	악수하기
잠자리로 가면서 부모님께 "안녕히 주무세요"라고 말할 때	길게 안아주기
"학교 다녀오겠습니다"라고 인사하고 학교에 등교할 때	볼에 뽀뽀하기
친구가 테니스 게임에서 어려운 공을 쳐냈을 때	손 잡기
부모님이 "사랑한다"라고 말씀하셨을 때	입술에 뽀뽀하기
낯선 이가 인사하며 손을 내밀었을 때	"너는 가장 최고의 친구야"라고 말하기
집배원 아저씨가 집에 왔을 때	"사랑해"라고 말하기
부모님이 울고 계실 때	어깨 감싸기
친구가 자전거에서 떨어져 다쳤을 때	짧게 살짝 안아주기
우리 집에 놀러 온 이모가 "안녕"이라고 인사할 때	"네 눈은 참 예쁘구나"라고 말하기
모르는 사람과 만날 때	"잘했어"라고 말하기
엄마가 내가 가장 좋아하는 음식을 해주실 때	등 쓰다듬기
친구가 나의 등을 토닥여줄 때	"고마워"라고 말하기
친구가 나에게 좋은 선물을 줄 때	"나는 네가 한 행동이 마음에 들어"라고 말하기

3. 애착 표현을 필요로 한다는 것을 어떻게 알 수 있을까요?

도움이 필요한 상황에서는 어떻게 표현하면 좋을까요? 사람들의 얼굴표정이나 몸짓, 말이나 목소리의 어조에 대해 생각해보세요. 다른 상황에서도 알 수 있는 신호들은 무엇이 있는지 생각해보세요.

얼굴표정 ______________________________

____

몸짓 ______________________________

____

말 ______________________________

____

목소리의 어조 ______________________________

____

상황 ______________________________

____

그 사람에 대해 알고 있는 것 ______________________________

____

집단으로 프로그램을 진행한다면, 집단 참가자들이 각각 도움을 청하는 얼굴 표정이나 몸짓, 목소리의 톤으로 신호 보내기를 연습하고 서로 맞춰보는 활동은 해도 좋다.

4. 애착 표현이 과했다는 것을 어떻게 알 수 있을까요?

얼굴표정이나 몸짓, 말은 어떨까요?

얼굴표정 ______________________________

____

몸짓 ______________________________

____

말 ______________________________

____

그 사람의 기분은 어땠을까요? ______________________________

____

5. 애착 표현이 부족했다는 것을 어떻게 알 수 있을까요?

그 사람의 얼굴표정이나 몸짓, 말은 어떨까요?

얼굴표정 ____

____

몸짓 ____

____

말 ____

____

그 사람의 기분은 어땠을까요? ____

____

6. 핵심 애착 표현 세 가지

1. ______________________________

   ____

2. ______________________________

   ____

3. ______________________________

   ____

7. 프로그램 종료 후 재평가하기

'숲 속의 산책', '엄마의 눈물', '슬퍼하는 친구' 활동을 다시 해보세요.

8. 서로에게 애착 표현하기

9. 수료증 수여식

참고문헌

Andrews, L., Attwood, T. and Sofronoff, K. (under review) 'Increasing the appropriate demonstration of affectionate behaviour in children with Asperger syndrome: A randomized controlled trial.' *Research in Autism Spectrum Disorders.*

Attwood, T. and Garnett, M. (2013) *From Like to Love for Young People with Asperger's Syndrome (Autism Spectrum Disorder): Learning How to Express and Enjoy Affection with Family and Friends.* London: Jessica Kingsley Publishers.

Grandin, T., & Barron, S. (2005). *Unwritten rules of social relationships.* Arlington, TX : Future Horizons.

Sofronoff, K., Eloff, J., Sheffield, J., & Attwood, T. (2011). 'Increasing the understanding and demonstration of appropriate affection in children with Asperger syndrome: A pilot trial.' *Autism Research And Treatment,* volume 2011. doi: 10.1155/2011/214317.

Sofronoff, K., Lee, J., Sheffield, J., & Attwood, T. (2014).[2] 'The construction and evaluation of three measures of affectionate behaviour for children with Asperger's syndrome.' *Autism, 18*(8), 903-913.

2) 역주 : 원서에는 '발행 중(in press)'으로 기술되어 있음. 역자가 해당 문헌을 확인하여 참고문헌의 구체적 정보를 제시함.

추천자료

CAT-kit : 2008년 Future Horizons 출판사 발행, Kirsten Callesen, Annette Moller-Nielsen, Tony Attwood가 개발한 프로그램

「새로운 상황 이야기책(*The New Social Story Book*)」 : 2010년 Future Horizons 출판사 발행, Carol Gray가 개발한 책

「마음읽기(*Mind Reading: The Interactive Guide to Emotions*)」 : 쌍방향 DVD로 제작된 정서 지침서. Jessica Kingsley 출판사 발행, Simon Baron-Cohen이 개발. 이 프로그램은 쌍방향 DVD로 사용하며 만 6세 이상의 아동부터 성인까지 사용할 수 있다. 보다 자세한 정보는 홈페이지(www.jkp.com)에서 이용가능하다.

부록 1 프로그램 평가용 이야기

'숲 속의 산책'

이른 아침, 숲 속 길을 따라 산책하고 있다고 상상해보자. 숲 속의 중간쯤 왔을 때 나무들이 쓰러져 있는 것을 보게 되었다. 최근에는 강한 비바람이 분 적이 없었기 때문에 이렇게 나무들이 쓰러져 있다는 것에 당신은 호기심이 생겼다. 그래서 당신은 쓰러진 나무 주변을 돌아다녔고 숲 속의 중간쯤 왔을 때 우주선처럼 생긴 작은 물체를 발견하게 되었다.

당신은 그 이상한 물체에 조심스럽게 다가갔다. 그때 그 우주선 문 앞에 무엇인가 이상한 것이 나타났고 낯선 소리들이 들렸다. 마치 테니스 공처럼 생긴 강렬한 물체가 우주선 문 앞에 나타났다. 빛이 나는 물체가 당신의 머리 위로 날아와 천천히 당신의 눈앞으로 내려왔다. 그러고는 테니스 공 같던 모습은 갑자기 사라졌으며 당신과 똑같이 생긴 사람의 모습으로 변신하여 당신 바로 앞에 다시 나타났다.

당신과 똑같이 생긴 그 외계인이 당신에게 말을 걸기 시작했다. 그것도 당신의 목소리와 똑같은 목소리로. 당신의 복제본은 인간을 관찰하다가 지구에 불시착하게 된 외계인이었으며 몇 시간 안에 우주선의 수리가 끝나면 곧 떠날 것이라고 하였다. 외계인은 당신에게 인간에 대해 궁금한 것이 있다며 떠나기 전에 몇 가지 아주 중요한 질문을 하였다.

외계인이 관찰한 결과, 사람들은 좋아하거나 사랑하는 사람들과 의사소통하는 것을 원하는 것 같았다고 하였다. 그리고 사람들은 좋아한다는 말이나 몸짓을 서로 주고받는 것을 볼 수 있었다며 이러한 행동은 친한 친구나 가족 간에 각별히 더 자주 나타나는 것 같았다고 하였다. 외계인은 사람들이 이러한 행동을 왜 하는 것인지 매우 궁금해 하였다.

인간은 왜 서로에게 애착을 느끼는 것인지 그 이유를 외계인에게 설명해주세요.

외계인은 그 의미를 이해했으며 고마움의 뜻으로 특별한 선물을 주고 떠났습니다. 그 선물을 무엇이었을까요?

엄마의 눈물

수업이 끝나고 집으로 지금 막 돌아왔다고 상상해보라. 집에 도착했다는 것을 엄마에게 알리기 위해 부엌에 계신 엄마에게 다가갔다. 엄마는 등을 돌린 채 식탁 의자에 앉아 계셨다. "학교 다녀왔습니다."라고 인사하자 엄마는 천천히 뒤돌아 당신을 바라봤는데 엄마가 울고 계신 것이 아닌가.

제일 먼저 엄마에게 어떤 행동이나 말을 하겠습니까?

엄마의 기분을 풀어드리기 위해 어떤 행동이나 말을 하겠습니까?

슬퍼하는 친구

학교에 도착했을 때, 친구도 막 학교에 도착하였다고 상상해보자. 친구가 학교 운동장에 들어섰을 때 친구가 매우 슬퍼 보인다는 것을 알게 되었다. 친구의 집에서 키우던 개가 이른 아침 집을 나갔는데 그만 찻길로 달려들어 사고가 나 죽었다고 하였다.

친구의 기분을 풀어주기 위해 어떤 행동이나 말을 하겠나요?

부록 2

애착 질문지[3]

3) 출처 : Sofronoff, K., Lee, J., Sheffield, J., & Attwood, T. (2014). The construction and evaluation of three measures of affectionate behaviour for children with Asperger's syndrome. Autism, 18(8), 903-913.

타인에 대한 애착 질문지(The Affection for Others Questionnaire, AOQ)

아래의 질문은 자폐스펙트럼장애 아동(5~13세 연령)이 다른 사람에게 보이는 애착의 유형에 관한 것입니다. 이는 아동이 직계 가족 이외의 다른 사람(예 : 학교 교사, 또래, 가족의 친구, 지역사회 가게 주인 등)에게 보이는 애착을 의미합니다. 아동이 다른 사람에게 애착을 표현하는 데 어려움이 별로 없더라도 질문에 답해주시기 바랍니다.

각각의 문항은 두 가지 방식으로 답하도록 구성되어 있습니다.

Ⅰ. 아동이 다른 사람에게 애착 형성을 보여주는 것을 적절하게 하나요?

아동이 **다른 사람**에게 애착을 얼마나 **적절하게** 보이는지를 고려하여 문항별로 우측에 있는 네모 칸(□)에 '전혀 그렇지 않다'에서 '항상 그렇다'까지 7점 척도에 따라 해당하는 숫자를 기록하시기 바랍니다. 척도 점수에서 1점은 '결코 적절하지 않다', 4점은 '때때로 적절하다', 7점은 '항상 적절하다'를 의미합니다.

a) 아동이 다른 사람에게 보이는 애착의 양이 어느 정도 인가요?

아동이 **다른 사람**에게 보이는 애착의 **양**이 어느 정도 적절한지를 고려하여 각 문항의 ⓐ표시에 제시된 질문에 대해 척도 점수 1점은 '전혀 충분하지 않다', 4점은 '적절하다', 7점은 '너무 많다'를 의미하는 7점 척도에 따라 해당하는 숫자를 기록하시기 바랍니다.

✓

아래의 예시를 참조하세요.

1. 아동은 적절한 태도로 다른 사람에게 '안녕'이라고 말할 수 있나요?	1 전혀 적절하지 않다	2	3	4 가끔 적절하다	5	6	7 항상 적절하다

예를 들어 '1'점으로 기록하는 것은 아동이 다른 사람에게 '안녕'이라고 말할 때 전혀 그렇게 하지 않기 때문에 '전혀 적절하지 않다'고 여긴다는 것을 의미합니다. 아동이 적절한 방식으로 '안녕'이라고 말할 수 없는 이유가 아동이 너무 자주 '안녕'이라고 하기 때문이라면 상대적으로 '6' 또는 '7'로 기록할 수 있습니다.

ⓐ 아동이 어느 정도 이렇게 한다고 생각하시나요?	1 전혀 충분하지 않다	2	3	4 적절하다	5	6	7 너무 많다

예를 들어 '1'점은 아동이 '안녕'이라고 하는 것이 적절한 때에 사람들에게 소리를 지르거나 무시한다면 이는 적절한 방식으로 결코 '안녕'이라고 말하지 않음을 의미합니다.

✓

문항은 총 20문항으로, 첫 번째 8개 문항은 아동이 다른 사람에게 애착을 표현하는 것에 관한 것입니다. 여기에서 다른 사람의 예로는 학교 교사, 또래, 가족의 친구, 지역사회 가게 주인 등을 들 수 있습니다.

언어적 애착 표현							
1. 아동은 '나는 당신을 좋아해요/사랑해요'라는 표현을 다른 사람(예 : 또래, 또는 가족의 친구)에게 적절하게 말할 수 있나요?	1 전혀 적절하지 않다	2	3	4 가끔 적절하다	5	6	7 항상 적절하다
ⓐ 아동이 어느 정도 이렇게 한다고 생각하시나요?	1 전혀 충분하지 않다	2	3	4 적절하다	5	6	7 너무 많다
2. 아동은 다른 사람에게 자신과 그 사람의 관계가 얼마나 중요한지를 적절하게 말할 수 있나요?	1 전혀 적절하지 않다	2	3	4 가끔 적절하다	5	6	7 항상 적절하다
ⓐ 아동이 어느 정도 이렇게 한다고 생각하시나요?	1 전혀 충분하지 않다	2	3	4 적절하다	5	6	7 너무 많다

		1	2	3	4	5	6	7
3.	아동은 절적한 방식으로 다른 사람을 칭찬할 수 있나요?	1 전혀 적절하지 않다	2	3	4 가끔 적절하다	5	6	7 항상 적절하다
	ⓐ 아동이 어느 정도 이렇게 한다고 생각하시나요?	1 전혀 충분하지 않다	2	3	4 적절하다	5	6	7 너무 많다
4.	아동은 적절하게 친절한 방식으로 다른 사람에게 말을 할 수 있나요?	1 전혀 적절하지 않다	2	3	4 가끔 적절하다	5	6	7 항상 적절하다
	ⓐ 아동이 어느 정도 이렇게 한다고 생각하시나요?	1 전혀 충분하지 않다	2	3	4 적절하다	5	6	7 너무 많다
신체적 애착 표현								
5.	아동은 다른 사람을 적절하게 안아줄 수 있나요?	1 전혀 적절하지 않다	2	3	4 가끔 적절하다	5	6	7 항상 적절하다
	ⓐ 아동이 어느 정도 이렇게 한다고 생각하시나요?	1 전혀 충분하지 않다	2	3	4 적절하다	5	6	7 너무 많다

		1	2	3	4	5	6	7
6.	아동은 필요로 할 때 다른 사람(예 : 학교 교사)의 손을 적절하게 잡을 수 있나요?	1 전혀 적절하지 않다	2	3	4 가끔 적절하다	5	6	7 항상 적절하다
	ⓐ 아동이 어느 정도 이렇게 한다고 생각하시나요?	1 전혀 충분하지 않다	2	3	4 적절하다	5	6	7 너무 많다
7.	아동은 다른 사람(예 : 또래)의 어깨를 자신의 팔로 적절하게 감쌀 수 있나요?	1 전혀 적절하지 않다	2	3	4 가끔 적절하다	5	6	7 항상 적절하다
	ⓐ 아동이 어느 정도 이렇게 한다고 생각하시나요?	1 전혀 충분하지 않다	2	3	4 적절하다	5	6	7 너무 많다
8.	아동은 다른 사람의 팔에 살짝 손을 대거나 등을 두드리는 등 다른 사람을 적절하게 신체적으로 인정해줄 수 있나요?	1 전혀 적절하지 않다	2	3	4 가끔 적절하다	5	6	7 항상 적절하다
	ⓐ 아동이 어느 정도 이렇게 한다고 생각하시나요?	1 전혀 충분하지 않다	2	3	4 적절하다	5	6	7 너무 많다

다음의 8개 문항은 아동이 다른 사람으로부터 애착을 수용하는 것에 관한 것입니다.

언어적 애착 수용							
9. 아동은 다른 사람(예 : 또래)의 '나는 당신을 좋아해요/사랑해요'라는 표현에 적절하게 반응할 수 있나요?	1 전혀 적절하지 않다	2	3	4 가끔 적절하다	5	6	7 항상 적절하다
ⓐ 아동이 어느 정도 이렇게 한다고 생각하시나요?	1 전혀 충분하지 않다	2	3	4 적절하다	5	6	7 너무 많다
10. 아동은 다른 사람의 칭찬에 적절하게 반응할 수 있나요?	1 전혀 적절하지 않다	2	3	4 가끔 적절하다	5	6	7 항상 적절하다
ⓐ 아동이 어느 정도 이렇게 한다고 생각하시나요?	1 전혀 충분하지 않다	2	3	4 적절하다	5	6	7 너무 많다

문항	1	2	3	4	5	6	7
11. 아동은 다른 사람의 칭찬에 적절하게 감사 표시를 하거나 칭찬할 수 있나요?	1 전혀 적절하지 않다	2	3	4 가끔 적절하다	5	6	7 항상 적절하다
ⓐ 아동이 어느 정도 이렇게 한다고 생각하시나요?	1 전혀 충분하지 않다	2	3	4 적절하다	5	6	7 너무 많다
12. 아동은 대화 시 다른 사람에게 적절하게 친절한 방식으로 반응하며 말할 수 있나요?	1 전혀 적절하지 않다	2	3	4 가끔 적절하다	5	6	7 항상 적절하다
ⓐ 아동이 어느 정도 이렇게 한다고 생각하시나요?	1 전혀 충분하지 않다	2	3	4 적절하다	5	6	7 너무 많다
신체적 애착 수용							
13. 아동은 다른 사람(예 : 또래, 가족, 친구)이 안아주는 것을 적절하게 수용할 수 있나요?	1 전혀 적절하지 않다	2	3	4 가끔 적절하다	5	6	7 항상 적절하다
ⓐ 아동이 어느 정도 이렇게 한다고 생각하시나요?	1 전혀 충분하지 않다	2	3	4 적절하다	5	6	7 너무 많다

문항	1	2	3	4	5	6	7
14. 아동은 다른 사람(예 : 가족, 친구)의 입맞춤을 적절하게 수용할 수 있나요?	1 전혀 적절하지 않다	2	3	4 가끔 적절하다	5	6	7 항상 적절하다
ⓐ 아동이 어느 정도 이렇게 한다고 생각하시나요?	1 전혀 충분하지 않다	2	3	4 적절하다	5	6	7 너무 많다
15. 아동은 다른 사람(예 : 또래)이 자신의 팔에 손을 살짝 댈 때 적절하게 반응할 수 있나요?	1 전혀 적절하지 않다	2	3	4 가끔 적절하다	5	6	7 항상 적절하다
ⓐ 아동이 어느 정도 이렇게 한다고 생각하시나요?	1 전혀 충분하지 않다	2	3	4 적절하다	5	6	7 너무 많다
16. 아동은 다른 사람(예 : 또래)이 자신의 등을 두드릴 때 적절하게 반응할 수 있나요?	1 전혀 적절하지 않다	2	3	4 가끔 적절하다	5	6	7 항상 적절하다
ⓐ 아동이 어느 정도 이렇게 한다고 생각하시나요?	1 전혀 충분하지 않다	2	3	4 적절하다	5	6	7 너무 많다

다음의 4개 문항은 아동이 정서를 이해하고 다른 사람과 정서를 공유하는 것에 관한 것입니다.

공감의 의사소통							
17. 아동은 다른 사람과 함께 적절하게 웃을 수 있나요?	1 전혀 적절하지 않다	2	3	4 가끔 적절하다	5	6	7 항상 적절하다
ⓐ 아동이 어느 정도 이렇게 한다고 생각하시나요?	1 전혀 충분하지 않다	2	3	4 적절하다	5	6	7 너무 많다
18. 아동은 다른 사람의 행동이나 감정에 대해 적절한 수준으로 관심을 보일 수 있나요?	1 전혀 적절하지 않다	2	3	4 가끔 적절하다	5	6	7 항상 적절하다
ⓐ 아동이 어느 정도 이렇게 한다고 생각하시나요?	1 전혀 충분하지 않다	2	3	4 적절하다	5	6	7 너무 많다

문항	1	2	3	4	5	6	7
19. 아동은 다른 사람에게 적절하게 도움을 줄 수 있나요?	전혀 적절하지 않다			가끔 적절하다			항상 적절하다
ⓐ 아동이 어느 정도 이렇게 한다고 생각하시나요?	전혀 충분하지 않다			적절하다			너무 많다
20. 아동은 다른 사람에게 적절하게 미소를 지을 수 있나요?	전혀 적절하지 않다			가끔 적절하다			항상 적절하다
ⓐ 아동이 어느 정도 이렇게 한다고 생각하시나요?	전혀 충분하지 않다			적절하다			너무 많다

부모에 대한 애착 질문지(The Affection for You Questionnaire, AYQ)

아래의 질문은 자폐스펙트럼장애 아동(5~13세 연령)이 부모에게 보이는 애착의 유형에 관한 것입니다. 아동이 부모에게 애착을 표현하는 데 어려움이 별로 없더라도 질문에 답해주시기 바랍니다.

각각의 문항은 두 가지 방식으로 답을 하도록 구성되어 있습니다.

Ⅰ. 아동이 부모에게 애착 형성을 얼마나 자주 보이나요?

아동이 부모에게 애착을 **얼마나 자주** 보이는지를 고려하여 '전혀 보이지 않는다'에서 '하루에 두 번 이상 보인다'까지 7점 척도에 따라 해당하는 숫자를 기록하시기 바랍니다. 각 척도 점수의 의미는 다음과 같습니다 – 1='전혀 보이지 않는다', 2='일 년에 한 번 보인다', 3='한 달에 한 번 보인다', 4='일주일에 두 번 보인다', 5='일주일에 한 번 보인다', 6='하루에 한 번 보인다', 7='하루에 두 번 이상 보인다'.

a) 아동이 부모에게 보이는 애착의 양이 어느 정도인가요?

아동이 부모에게 보이는 애착의 **양**이 어느 정도 적절한지를 고려하여 각 문항의 ⓐ표시에 제시된 질문에 대해 척도 점수 1점은 '전혀 충분하지 않다', 4점은 '적절하다', 7점은 '너무 많다'를 의미를 의미하는 7점 척도에 따라 해당하는 숫자를 기록하시기 바랍니다.

아래의 예시를 참조하세요.

1. 아동은 얼마나 자주 부모에게 '안녕'이라고 말하나요?	1 전혀 보이지 않음	2 일 년에 한번	3 한 달에 한번	4 일주일에 두번	5 일주일에 한번	6 하루에 한번	7 하루에 두번 이상
예를 들어 '6'으로 기록하였다면 이는 아동이 부모에게 평균적으로 하루에 한 번 '안녕'이라고 말한다는 것을 의미합니다.							
ⓐ 아동이 어느 정도 이렇게 한다고 생각하시나요?	1 전혀 충분하지 않다	2	3	4 적절하다	5	6	7 너무 많다
예를 들어 '4'로 기록하였다면 이는 아동이 부모에게 하루에 한 번 '안녕'이라고 말하며 이는 대체로 알맞은 정도임을 의미합니다.							

✓

문항은 총19문항으로, 첫 번째 9개 문항은 아동이 부모에게 대착을 표현하는 것에 관한 것입니다. 아동이 부모에게 애착을 얼마나 자주 표현하는지 그리고 이러한 아동의 표현이 부모가 만족할 정도인지를 고려하여 기록하시기 바랍니다.

언어적 애착 표현								
1.	아동은 '나는 당신을 좋아해요/사랑해요'라는 말을 얼마나 자주 부모에게 말하나요?	1 전혀 보이지 않음	2 일 년에 한 번	3 한 달에 한 번	4 일주일에 두 번	5 일주일에 한 번	6 하루에 한 번	7 하루에 두 번 이상
	ⓐ 아동이 어느 정도 이렇게 한다고 생각하시나요?	1 전혀 충분하지 않다	2	3	4 적절하다	5	6	7 너무 많다
2.	아동은 부모에게 자신과 부모의 관계가 중요한지를 얼마나 자주 말하나요?	1 전혀 보이지 않음	2 일 년에 한 번	3 한 달에 한 번	4 일주일에 두 번	5 일주일에 한 번	6 하루에 한 번	7 하루에 두 번 이상
	ⓐ 아동이 어느 정도 이렇게 한다고 생각하시나요?	1 전혀 충분하지 않다	2	3	4 적절하다	5	6	7 너무 많다

		1	2	3	4	5	6	7
3.	아동은 부모에게 얼마나 자주 감사 표현을 하나요?	1 전혀 보이지 않음	2 일 년에 한 번	3 한 달에 한 번	4 일주일에 두 번	5 일주일에 한 번	6 하루에 한 번	7 하루에 두 번 이상
	ⓐ 아동이 어느 정도 이렇게 한다고 생각하시나요?	1 전혀 충분하지 않다	2	3	4 적절하다	5	6	7 너무 많다
4.	아동은 친절한 방식으로 부모에게 얼마나 자주 말을 하나요?	1 전혀 보이지 않음	2 일 년에 한 번	3 한 달에 한 번	4 일주일에 두 번	5 일주일에 한 번	6 하루에 한 번	7 하루에 두 번 이상
	ⓐ 아동이 어느 정도 이렇게 한다고 생각하시나요?	1 전혀 충분하지 않다	2	3	4 적절하다	5	6	7 너무 많다
신체적 애착 표현								
5.	아동은 얼마나 자주 부모에게 다가가서 안아주나요?	1 전혀 보이지 않음	2 일 년에 한 번	3 한 달에 한 번	4 일주일에 두 번	5 일주일에 한 번	6 하루에 한 번	7 하루에 두 번 이상
	ⓐ 아동이 어느 정도 이렇게 한다고 생각하시나요?	1 전혀 충분하지 않다	2	3	4 적절하다	5	6	7 너무 많다

	1	2	3	4	5	6	7
6. 아동은 얼마나 자주 부모의 손을 잡으려 하나요?	1 전혀 보이지 않음	2 일 년에 한 번	3 한 달에 한 번	4 일주일에 두 번	5 일주일에 한 번	6 하루에 한 번	7 하루에 두 번 이상
ⓐ 아동이 어느 정도 이렇게 한다고 생각하시나요?	1 전혀 충분하지 않다	2	3	4 적절하다	5	6	7 너무 많다
7. 아동은 얼마나 자주 부모 가까이 앉으려 하나요?	1 전혀 보이지 않음	2 일 년에 한 번	3 한 달에 한 번	4 일주일에 두 번	5 일주일에 한 번	6 하루에 한 번	7 하루에 두 번 이상
ⓐ 아동이 어느 정도 이렇게 한다고 생각하시나요?	1 전혀 충분하지 않다	2	3	4 적절하다	5	6	7 너무 많다
8. 아동은 얼마나 자주 부모의 어깨에 손을 얹거나 부모의 허리 또는 다리를 감싸 잡나요?	1 전혀 보이지 않음	2 일 년에 한 번	3 한 달에 한 번	4 일주일에 두 번	5 일주일에 한 번	6 하루에 한 번	7 하루에 두 번 이상
ⓐ 아동이 어느 정도 이렇게 한다고 생각하시나요?	1 전혀 충분하지 않다	2	3	4 적절하다	5	6	7 너무 많다

문항	1	2	3	4	5	6	7
9. 아동은 부모의 팔에 살짝 손을 대거나 등을 두드리거나 손을 잡는 등의 방식으로 부모의 신체를 만지며 부모의 존재를 얼마나 자주 인정하나요?	1 전혀 보이지 않음	2 일 년에 한 번	3 한 달에 한 번	4 일주일에 두 번	5 일주일에 한 번	6 하루에 한 번	7 하루에 두 번 이상
ⓐ 아동이 어느 정도 이렇게 한다고 생각하시나요?	1 전혀 충분하지 않다	2	3	4 적절하다	5	6	7 너무 많다

다음의 6개 문항은 아동이 부모로부터 애착을 수용하는 것에 관한 것입니다.

언어적 애착 수용

문항	1	2	3	4	5	6	7
10. 아동은 부모의 애착에 대해 '나는 당신을 사랑해요'라고 얼마나 자주 반응하나요?	1 전혀 보이지 않음	2 일 년에 한 번	3 한 달에 한 번	4 일주일에 두 번	5 일주일에 한 번	6 하루에 한 번	7 하루에 두 번 이상
ⓐ 아동이 어느 정도 이렇게 한다고 생각하시나요?	1 전혀 충분하지 않다	2	3	4 적절하다	5	6	7 너무 많다

✓

문항	1	2	3	4	5	6	7
11. 아동은 애칭이나 애정을 담은 말을 사용하여 얼마나 자주 부모에게 즐겁게 반응하나요?	1 전혀 보이지 않음	2 일 년에 한 번	3 한 달에 한 번	4 일주일에 두 번	5 일주일에 한 번	6 하루에 한 번	7 하루에 두 번 이상
ⓐ 아동이 어느 정도 이렇게 한다고 생각하시나요?	1 전혀 충분하지 않다	2	3	4 적절하다	5	6	7 너무 많다
12. 아동은 친절한 방식으로 부모에게 얼마나 자주 반응하나요?	1 전혀 보이지 않음	2 일 년에 한 번	3 한 달에 한 번	4 일주일에 두 번	5 일주일에 한 번	6 하루에 한 번	7 하루에 두 번 이상
ⓐ 아동이 어느 정도 이렇게 한다고 생각하시나요?	1 전혀 충분하지 않다	2	3	4 적절하다	5	6	7 너무 많다
신체적 애착 수용							
13. 아동은 부모가 안아줄 때 좋다는 표현을 얼마나 자주 하나요?	1 전혀 보이지 않음	2 일 년에 한 번	3 한 달에 한 번	4 일주일에 두 번	5 일주일에 한 번	6 하루에 한 번	7 하루에 두 번 이상
ⓐ 아동이 어느 정도 이렇게 한다고 생각하시나요?	1 전혀 충분하지 않다	2	3	4 적절하다	5	6	7 너무 많다

		1	2	3	4	5	6	7
14.	아동은 부모가 입맞춤해줄 때 좋다는 표현을 얼마나 자주 하나요?	1 전혀 보이지 않음	2 일 년에 한 번	3 한 달에 한 번	4 일주일에 두 번	5 일주일에 한 번	6 하루에 한 번	7 하루에 두 번 이상
	ⓐ 아동이 어느 정도 이렇게 한다고 생각하시나요?	1 전혀 충분하지 않다	2	3	4 적절하다	5	6	7 너무 많다
15.	아동은 부모가 요청을 하면 손을 얼마나 자주 잡나요?	1 전혀 보이지 않음	2 일 년에 한 번	3 한 달에 한 번	4 일주일에 두 번	5 일주일에 한 번	6 하루에 한 번	7 하루에 두 번 이상
	ⓐ 아동이 어느 정도 이렇게 한다고 생각하시나요?	1 전혀 충분하지 않다	2	3	4 적절하다	5	6	7 너무 많다

✓

다음의 4개 문항은 아동이 부모의 정서를 이해하고 부모와 함께 정서를 공유하는 아동의 능력에 관한 것입니다.

공감적 의사소통							
16. 아동은 부모에게 얼마나 자주 웃어주나요?	1 전혀 보이지 않음	2 일 년에 한 번	3 한 달에 한 번	4 일주일에 두 번	5 일주일에 한 번	6 하루에 한 번	7 하루에 두 번 이상
ⓐ 아동이 어느 정도 이렇게 한다고 생각하시나요?	1 전혀 충분하지 않다	2	3	4 적절하다	5	6	7 너무 많다
17. 아동은 부모가 행동하고 느끼는 것에 대해 얼마나 자주 관심을 보이나요?	1 전혀 보이지 않음	2 일 년에 한 번	3 한 달에 한 번	4 일주일에 두 번	5 일주일에 한 번	6 하루에 한 번	7 하루에 두 번 이상
ⓐ 아동이 어느 정도 이렇게 한다고 생각하시나요?	1 전혀 충분하지 않다	2	3	4 적절하다	5	6	7 너무 많다

문항	1	2	3	4	5	6	7
18. 아동은 부모가 필요로 할 때 얼마나 자주 도움을 주나요?	전혀 보이지 않음	일 년에 한 번	한 달에 한 번	일주일에 두 번	일주일에 한 번	하루에 한 번	하루에 두 번 이상
ⓐ 아동이 어느 정도 이렇게 한다고 생각하시나요?	전혀 충분하지 않다			적절하다			너무 많다
19. 아동은 부모에게 얼마나 자주 행복하게 미소를 지어주나요?	전혀 보이지 않음	일 년에 한 번	한 달에 한 번	일주일에 두 번	일주일에 한 번	하루에 한 번	하루에 두 번 이상
ⓐ 아동이 어느 정도 이렇게 한다고 생각하시나요?	전혀 충분하지 않다			적절하다			너무 많다

일반 애착 질문지(The General Affection Questionnaire, GAQ)

다음의 질문에 답을 하십시오. 총 12개의 진술문에 대해 동의하는 수준을 나타내는 숫자를 오른쪽 네모칸에 기록하십시오. 척도 점수 1점은 '전혀 동의하지 않는다', 7점은 '확실히 동의한다'를 의미하는 7점 척도에 따라 해당하는 숫자를 기록하시기 바랍니다.

1. 아동은 단지 제한된 방식으로 애착을 표현한다.						
1 전혀 동의하지 않는다	2	3	4	5	6	7 확실히 동의한다
2. 아동은 애착의 결핍을 보인다.						
1 전혀 동의하지 않는다	2	3	4	5	6	7 확실히 동의한다
3. 아동은 애착을 시작하는 데 어려움을 보인다.						
1 전혀 동의하지 않는다	2	3	4	5	6	7 확실히 동의한다
4. 아동은 다른 사람의 애착을 수용하는 데 어려움을 보인다.						
1 전혀 동의하지 않는다	2	3	4	5	6	7 확실히 동의한다

5. 아동은 애착의 부적절한 표현을 사용한다.

1 전혀 동의하지 않는다	2	3	4	5	6	7 확실히 동의한다

6. 부모인 나는 아동에게 애착에 관해 지도하는 데 시간을 투자하고 있다.

1 전혀 동의하지 않는다	2	3	4	5	6	7 확실히 동의한다

7. 접촉에 대한 아동의 신체적 요구와 애착 표현의 욕구 간에 차이가 있는 듯하다.

1 전혀 동의하지 않는다	2	3	4	5	6	7 확실히 동의한다

8. 아동은 애착에 어려움을 보이며 이러한 어려움은 학교생활을 방해한다.

1 전혀 동의하지 않는다	2	3	4	5	6	7 확실히 동의한다

9. 아동은 애착에 어려움을 보이며 이러한 어려움은 형제자매와의 문제를 유발한다.

1 전혀 동의하지 않는다	2	3	4	5	6	7 확실히 동의한다

10. 아동은 직계 가족 외의 사람들에게 애착을 표현하는 것을 어려워한다.

1 전혀 동의하지 않는다	2	3	4	5	6	7 확실히 동의한다

11. 아동은 별나거나 비정상적인 방식으로 애착을 주고받는다.

1 전혀 동의하지 않는다	2	3	4	5	6	7 확실히 동의한다

12. 아동은 애착의 특정 유형 및 수준은 모든 사람에게 적절하게 보이지 않을 수 있음을 이해하는 데 어려워한다(예 : 포옹과 입맞춤 같은 신체 접촉에서 적절한 사람과 그렇지 않은 사람을 잘 구별하지 않는다).

1 전혀 동의하지 않는다	2	3	4	5	6	7 확실히 동의한다